九宮奇門

論命學（上）本命盤解讀

從排盤到符號意義，深入淺出解說奇門命盤，
找出天時、地利、人和、神助四維吉凶成敗因素！

新世代奇門推動者

子奇 老師 著

謝詞

此書能順利完成，首要感謝老天及我的家人，沒有他們的加持與背後的支持，這一路走來，不會如此順利。其次要感謝子奇團隊的老師們，在他們於本書文字內容與圖檔的協助校正之下，此書才能順利付梓。

我也特別感謝心語身心靈顧問中心的 張淑瑤老師及我的好夥伴 鍾維麒老師，要不是他們倆不斷地在我背後諄諄教誨及督促之下，也沒法這麼快催生出此書。

特別要感謝春光出版社編輯團隊的 Sherry 小姐及何寧小姐，以及擁有多年命理書企製經驗的劉毓玫小姐，在她們的建議與指導下，本書更臻完善。最後要感謝春光出版社對筆者的信任與支持，此書才有機會問市。

期許每位讀者讀了此書後，都能夠深得其用，助己助人。祝大家身體健康、一切順利、心想事成，謝謝大家，感恩！再感恩！

子奇

二〇二四年七月

目錄

謝詞　寫在前面　論命工具那麼多，為什麼選擇奇門遁甲來論命？

第 1 堂課　生命的意義與解讀命盤前的重要觀念
生命的意義是什麼？宇宙的真相又是什麼？

第 2 堂課　介紹奇門命盤
如何排奇門命盤？認識人事十二宮與奇門符號

第 3 堂課　奇門命盤宮位的象徵
詳細解析十二宮位、三方組合

第 4 堂課　奇門八神符號的象徵
值符、騰蛇、太陰、六合、白虎、玄武、九地、九天──在各宮位的意義

第 5 堂課　奇門九星符號的象徵
天蓬、天芮、天沖、天輔、天禽、天心、天柱、天任、天英──在各宮位的意義

第 6 堂課　奇門八門符號的象徵
休門、生門、傷門、杜門、景門、死門、驚門、開門──在各宮位的意義

第 7 堂課　奇門天干符號的象徵
甲、乙、丙、丁、戊、己、庚、辛、壬、癸──天盤、地盤天干與其組合之意義

第 8 堂課　一份完整的命盤解讀實例
如何製作奇門遁甲本命盤命書、如何計算宮位幸運指數

附錄

003　006　025　055　095　139　179　221　265　291　325

寫在前面

論命工具那麼多，為什麼選擇奇門遁甲來論命？

《九宮奇門》打造一個入口網站，帶您進入東方玄學世界

傳統的東方玄學不易入門，不論是「預測占卜」如易經卜卦、金錢卦等；「論命算命」如紫微斗數、八字等；還是「風水改運」如巒頭、理氣等各類風水派別；或是「擇日擇時」如通書、天星、玄空等。這些玄學往往艱澀難懂，派別眾多，而且門派老師間互相矛盾，真偽難辨。極其好運的人，選對了、學對了、會用了、還算幸運；但不幸的是，大多數人選錯老師，選錯方向學習，不僅耗費大量金錢、時間，走冤枉路，更可能學不會、不會用或用不到，實令人扼腕。

所以，大家的聲音，子奇老師聽到了，從二○二○年起，子奇老師有了初步的構想，這就像是你想搜尋資料，會進入Google的搜尋頁面；如果有問題想問AI，會進入

ChatGpt的頁面。而我想打造一個「讓一般沒有玄學基礎的人，可以輕易地進入東方玄學世界的入口平台」。可以不浪費時間，避免犯錯，不再茫然無知，不需要一直尋尋覓覓，真正幫助新手獲得正確命理風水的觀念、知識與方法的地方。

從現在開始，想進入東方玄學世界，學習占卜、命理、風水、奇門遁甲，你可以來「九宮奇門的入口網站」（請先買子奇老師寫的《九宮奇門》系列叢書來參考看看），如後方圖1。如果讀者對於奇門課程的學習有興趣，可洽詢：

台北市「心語顧問」

✦ 聯絡電話：**(02) 27775716**

✦ 電子信箱：**echostudio@gmail.com**

✦ LINE官方帳號：**https://page.line.me/?accountId=shinyu.tw**

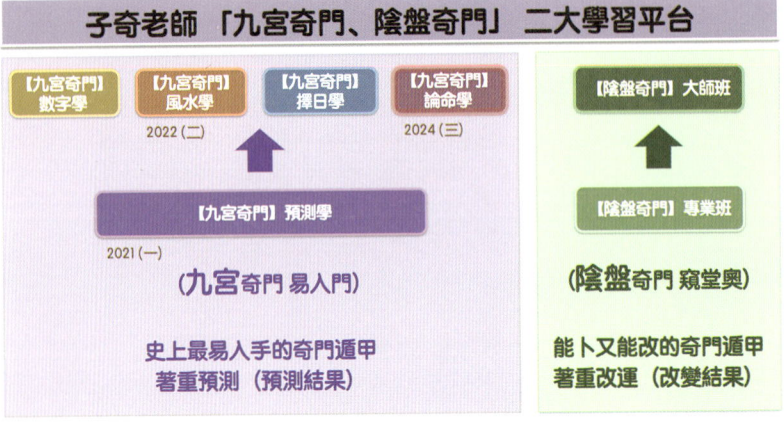

圖1：《九宮奇門》打造一個入口網站，帶您進入東方玄學世界。

因此，筆者在二〇二一年寫下了第一本由「春光出版社」所出版的《九宮奇門：做決策・卜運勢・看風水・催桃花，人人都可用奇門遁甲助自己心想事成》。第一本書主要著重於運用奇門遁甲這個工具來作「預測」或「占卜」的應用，也就是一本「九宮奇門預測學」。書中還揭露了一個重要的觀念及主張──大道至簡，預測其實可以很簡單。所以「九宮奇門預測學」是史上最簡單的奇門預測方法，只要十分鐘，就能學會斷一件事情的吉凶成敗，一學就會，一用就準！而且會一個單宮斷，就可延伸應用於看手機號碼、算命，甚至看房子的風水……等等。

第二本書《九宮奇門2：六次元改運術》，延續上一本書的精神：「大道至簡，改運其實也可以很簡單！」內容主題著重在「改運」，尤其是介紹如何結合近年來風行於中、

台、大馬之間的風水祕法「形家長眼法」風水及「奇門遁甲」帝王之術來調理風水。這本書可以稱之為是一門「九宮奇門改運學」，是一本「開運寶典」。我在本書裡提出一個新的思維，一門全新的改運術，稱之為「奇門遁甲六次元改運術」。只要能掌握「調座位、擺物品、拆東西、走吉方、做動作、煉自身」六個簡易、快速、犀利、有效的方式，就能讓你改變自己的運勢、創造自己的幸福人生！

第三本書《九宮奇門3：論命學（上）本命盤解讀》，是「九宮奇門論命學」的先導書籍。自我教授奇門遁甲以來，首度在本書裡公開奇門遁甲的「命盤」，正式釋出「九宮奇門論命學」。

在這本《九宮奇門3：論命學（上）本命盤解讀》，先帶大家認識奇門遁甲的「命盤」及如何解讀命盤；而在下一本書《九宮奇門4：論命學（下）流年推運》，我將專門談大家最感興趣的主題：如何根據奇門命盤推運及計算流年應期，這兩本書合而為一門「九宮奇門論命學」。

讀者可能會有一個疑問：市面上論命的工具那麼多，為什麼要選擇奇門遁甲來論命？因為奇門遁甲的論命學有別於其他算命的工具，其最大的特色在於：一、奇門遁甲是一門四維時空能量學，不僅能以「未來視角」預知吉凶成敗的結果，還能以「底層視角」分析影響吉凶成敗的關鍵因素，包括天時、地利、人和與神助；二、奇門遁

奇門預測，預測一事

筆者第一本由「春光出版社」所出版的《九宮奇門》，主要著重於運用奇門遁甲這個工具來做「預測」或「占卜」的應用，也就是一本「九宮奇門預測學」。

當我們心中有事，例如，有朋友找你投資合夥開店，想知道能不能做？會不會成功？就可以起一個「奇門盤」或稱之為「奇門局」來預測事情的吉凶成敗；又例如，有認識兩位男孩，到底該和哪一位交往比較好？

不管是工作事業、學業進展、考試面談、財運發展、投資買賣、愛情桃花婚姻、人際關係等等，只要在做一個決定，心中有疑問，無法下決定時，就可以用手機下載這個工具來做「預測」或「占卜」的應用。

一個人會占卜，會算命，會調理風水，還會擇日擇時，基本上就具備一位玄學命理風水師該有的技能了，可以解決自己的問題，幫助家人朋友，還可執業。進，可以為自己開創一番事業；退，可以開啟斜槓人生，為自己多增加一分收入，豈不美哉！

甲，不僅可以算命，還可以改命！奇門遁甲源之於兵法，兵法的最終目的就是要讓一場戰爭，由少勝多、弱勝強，由逆勢轉為優勢，來增加勝算，獲得最後的勝利。所以奇門遁甲用之於命術，最大的特色及優點就在於：「奇門遁甲，不僅可以算命，還可以改命！」

一個奇門遁甲的起盤程式，起一個奇門盤來做預測占卜。常見的占卜工具有很多，例如西方的塔羅牌、卜卦的銅錢、宮廟裡的抽籤、擲筊，而占卜的方法不外乎分成以下三步驟：

1. 提問：心中冥想片刻之後默念問題。提問方法：弟子某某某，欲問某事吉凶（說明想問之事），祈請高我（神明或卦神）指點迷津。

2. 取牌（卦、籤）：從洗均勻的牌中隨機抽出一張，或抽牌、起卦、擲筊等等。

3. 解牌（卦、籤）：根據所抽之牌中圖畫及卦意、圖解、事典等文字作說明，所求占之事的吉凶及趨勢則清楚明瞭。

當你心中有事想要針對一件事情對其進行預測占卜，這時你是問誰呢？誰可以幫你指點迷津呢？主要是透過一個人的高我（或稱作神明、指導靈、鬼神、仙佛，就是不同維度的空間，那個有意識的能量團，不管你稱「祂」為什麼）。不是透過人，而是透過「祂」這個「高我」的觀察視角來看，來做預測。顧名思義，所謂「高我」，就是「祂」比你站的位置要高很多，因為登高才能望遠，所以「祂」能看得比較遠。

好比你在兩條路口前徘徊不定，很想預先知道（預測）哪一條路在接下來你往前行時會比較好走又不會塞車？而其中一種方法就是爬到高處，如台北最高的大樓101大樓。當你站在101大樓的最頂層，從制高點往下俯視整個台北市時，哪一條路會塞車？路上有沒有車禍？哪一條路通行無阻？則一目瞭然，清清楚楚，這就是預測的原

理。要看遠，要預先知道如何趨吉避凶，就得把視角提升至另一個高度，或藉由某人（somebody）在高處幫你看向遠方、看向未來，而這某人（somebody）就是所謂的「高我」，或華人常說的舉頭三尺有神明的「神明」（可參考《九宮奇門》第一本書第38頁／第1堂課第1節）。

奇門遁甲亦然，透過連結「九天玄女」與「奇門遁甲祖師爺」，以「奇門遁甲盤」來顯示你問的答案。

而不管使用上面哪一種預測工具，下一個動作皆會牽涉到「抽牌、起卦或抽籤」的步驟，也就是讓問測者隨機從一堆牌、卦或籤中，挑選或得到其中顯示解答的牌、卦或籤。

為什麼要「隨機」選取？因為隨機，高我才有機會介入。

以塔羅牌為例，當你要選取七十八張牌其中的某一張牌時，為什麼你不選這一張，也不選那一張，而偏偏最後要挑某張特定的牌？其背後的運作及邏輯是這樣的：當你在不經大腦理性思考的時候，高我這時才有機會給你訊息，這訊息被你的大腦接收後，你把它當作是你的「靈感或直覺」，以為是「自己想的」，以為是「自己的自由意志」決定挑選了那一張牌。

這就是占卜預測的千古之謎，為什麼我們可以用易經、用卜卦、用抽籤、用塔羅牌等占卜工具做預測，其背後運作的原理及底層邏輯是這樣的。

所以當問測者心中冥想片刻之後默念問題，接下來要抽牌、起卦、抽籤，這是誰做的？這是高我選的，不是你，因為答案只有「祂」知道，是「祂」告訴你的，由你代祂抽的。選的、抽的是祂，不是你。

奇門遁甲做預測，原理也是一樣，只不過奇門遁甲在做預測選奇門盤時，選的是「時間」！

我們可以把一張奇門遁甲盤（或稱作一個奇門局），想像成塔羅牌的一張牌或易經的一個卦，只不過塔羅牌只有七十八張，易經只有六十四卦，而奇門遁甲有一○八○局，也就是有一千零八十張奇門盤。

每一張奇門局都會對應一個時辰（一個時辰為兩小時）。當問測者心中有事，心念一動，想要問測時，只要打開手機的奇門遁甲排盤程式，程式就會根據問測當下時間排出對應的奇門盤。而你早不問、晚不問，偏偏選這時間問，這就跟塔羅牌一樣，排在桌上左邊那張你不挑，右邊那張也不挑，偏偏就挑這張牌，如圖2。

所以奇門遁甲問測時，選的不是「牌、卦、籤」，而是「時間」。時間就是奇門盤的編號，根據時間再去找對應的奇門盤。因此有人稱「奇門遁甲（或局）」為「時空卦」，問測起局之時為「時間」，奇門盤宮位與符號所代表的事件為「空間」，整個奇門局代表一個時空卦，像一張牌或一支籤。

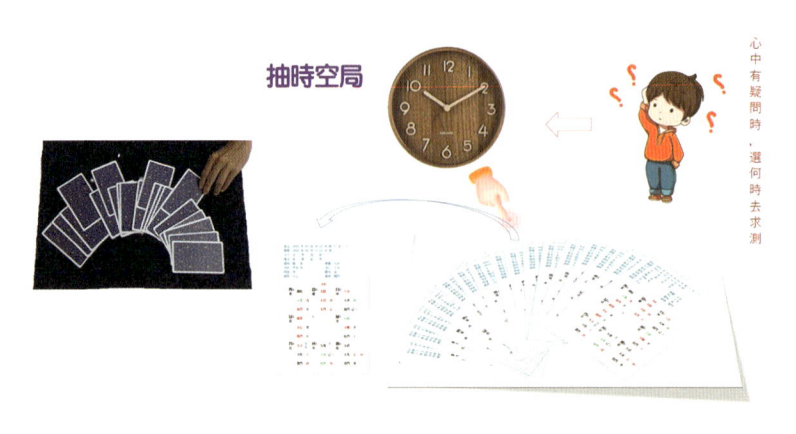

圖 2：選塔羅牌與選奇門盤其實是很像的，只不過一個是抽牌，而奇門遁甲選的是「時間」對應的奇門盤。

奇門論命，預測一生

我想，應該沒有人會天天開奇門盤看自己下個月會不會出車禍。預測占卜通常是近期有事或出事了，沒法決定，所以藉由預測占卜來解決心中的疑惑，想了解此事未來可能的發展。

但有很多是意料之外的事，在事先是根本不知道會發生的。想知道未來人生的際遇，就得透過論命或算命這項工具。基本上，預測占卜是算一件事，而論命算命則是算一生。

奇門命盤與傳統奇門的預測盤，就是多了代表空間的「人事十二宮」與代表時間的「十年大限」，如圖 3。奇門遁甲盤裡的十二個宮位，與最為流行的算命工具紫微斗數命盤裡的宮位完全一樣，它描繪了這一生與你

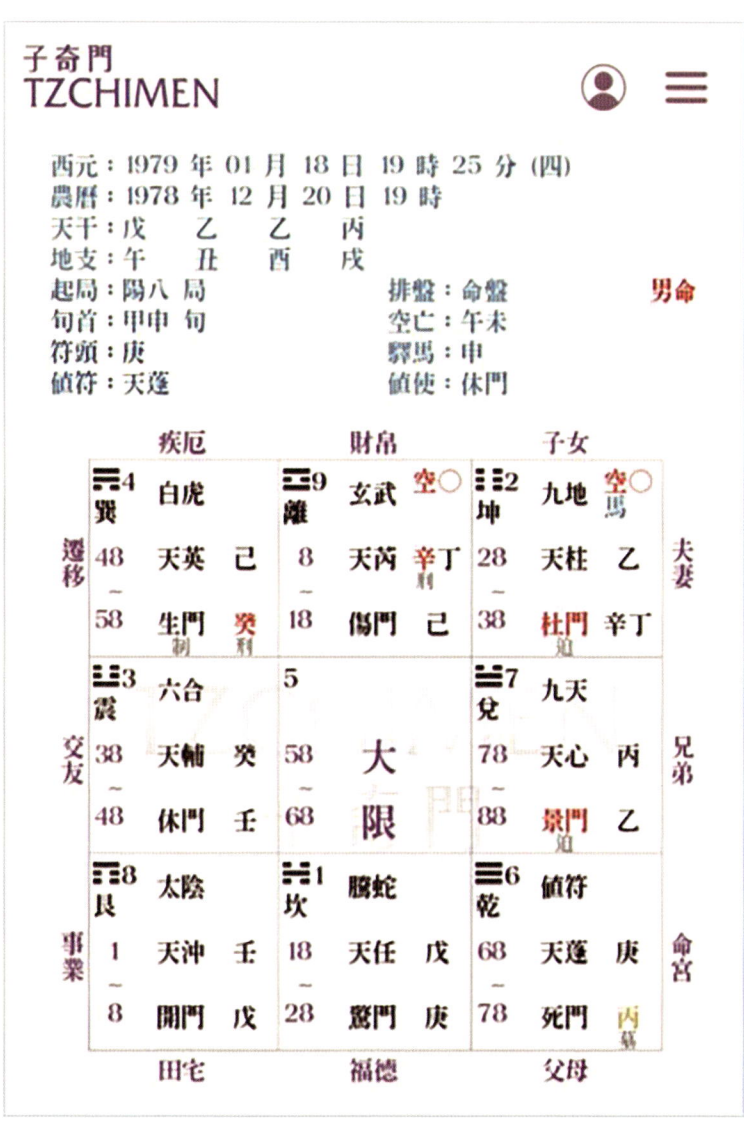

圖 3：「奇門命盤」與傳統「奇門預測盤」的不同，就是多了代表空間的「人事十二宮」與代表時間的「十年大限」。

「最在乎的人」之間的人際關係，彼此之間關係是否和諧，性格是否相投，緣分的淺薄深厚，以及你「最在乎的生活領域」的發揮表現，運勢吉凶，得失成敗。

奇門命盤與傳統奇門的預測盤第二點不同，就是多了「十年大限」。奇門命盤有九個方格子，每個格子也稱為宮位，整張奇門盤為一張九宮格，每個宮位中所顯示的數字區段就是不同的十年大限，例如宮位裡標示的一組數字38到48，就代表命主三十八到四十八歲這十年大限的運勢。

所以藉由奇門命盤，命主就可以預先知道你這輩子會遇上什麼人，會發生什麼事，進而了解一生的轉折變化，運勢的高低起伏，與之的牽扯糾葛，之間的吉凶成敗得失，幫助自己做出最佳選擇，掌握機會，事先防患未然，以達到趨吉避凶的目的。

透過奇門命盤，你可以事先知道此生已設定好的人生劇本，未來將「經歷、體驗」的人生百態和層層關卡。更可以了解造物主的真實意圖，用一道道的關卡來讓你闖關，一遍又一遍地喚醒你的靈魂，期待你有一天覺醒開悟，看清宇宙和生命的真相，不斷地為自己的靈魂開疆拓土，升級躍遷，跟宇宙母體源頭意識趨於一致。

另外，更可藉由命盤與生命的體驗幫助你在人間找到自己的人生「使命」，發揮、擅用你的「天賦」，做自己發自內心熱愛的事，進而用你熱愛的事來服務眾生，讓世界因為你的存在而變得更美好。你的覺醒悟道、奉獻眾生、完成使命，最終也將使你變得豐盛富足、自在圓滿。

奇門命盤裡的人事十二個宮位，也就是你這一生裡，在地球上所將要體驗的人物、活動與事件，體驗過程中的得失成敗，酸甜苦辣、愛恨情仇、喜怒哀樂，其目的主要是要讓你得到感受與體悟，帶來成長與改變，最終增長智慧、開悟覺醒。

我們可以用命盤來預測這一生所將要體驗的人物、活動與事件，其背後運作的真相是：它是你來到地球之前，你與宇宙已協定好、談好了、安排好了的「體驗計劃」與「學習、改變與成長的藍圖」。這體驗計劃是你想要的，你自己許的願，你是滿懷著期待，乘願來到地球這個體驗學習營的！

這些都是你自己想要體驗經歷的，其主要目的是你想經由這些體驗來得到感受與體悟，繼而讓自己成長與改變，成為更好的自己，幫助自己增長智慧、達到開悟覺醒，最終能揚升至別的星球，換別的地方體驗，進行下一輪的生命旅行。

論命工具那麼多，為何選擇奇門遁甲來論命？——能算又能改

市面上有著宮位式盤設計的，較為普遍流行的二大論命工具：一是西方的「占星術」，二是東方的「紫微斗數」。

而奇門遁甲與這兩類論命工具最大的不同與特色在於以下二點：

一、奇門遁甲，不僅可以算命，還可以改命！

在中國傳統文化中，奇門遁甲被認為是以易經、八卦為基礎，結合星相曆法、天文地理、八門九星、陰陽五行、三奇六儀等要素的一門學問。據稱姜子牙、范蠡、張良、諸葛亮、劉伯溫等人都曾使用過奇門遁甲。

奇門遁甲在中國古代主要用於兵法，以取得戰爭的勝利，在現代已被用於商業發展、市場經營等方面的預測與商戰。

奇門遁甲本質上是一門運籌學，正所謂「運籌帷幄，決勝於千里之外」。占卜為體，決策為用，取勝為宗。單就占測問題而言，很多術數都能做到，但對於奇門遁甲來說，最主要的是如何在占測出問題之後，透過運籌化解問題，達到趨吉避凶、扭轉乾坤的效果。

奇門遁甲源之於兵法，兵法的最終目的就是要讓一場戰爭，由少勝多、弱勝強、逆勢轉為優勢，增加勝算，獲得勝利。所以奇門遁甲用之於命術，最大的特色及優點就在於：「奇門遁甲，不僅可以算命，還可以改命！」

簡言之，奇門遁甲源自於兵法，最初就是被設計來在戰場上取得勝利，掌握它能在戰場上讓我方由少勝多、弱勝強、逆勢轉為優勢，增加勝算，獲得成功。

而之所以奇門遁甲能改變及扭轉戰事的成敗，最大主要的原因在於它掌握了取得

成功的四大關鍵要素：天時、地利、人和與神助。

所以，讀者如果你出生平凡，或沒有資源、沒有富爸爸，那你真的要好好地研究、了解奇門遁甲，因為它是唯一不僅能讓你預先掌握機會與避開危機的論命術，還是可以扭轉命運、改命造運的論命術！

二、奇門遁甲是一門四維時空能量學，不僅能以「未來視角」預知吉凶成敗的結果，還能以「底層視角」分析影響吉凶成敗的關鍵因素！

市面上普遍流行的「紫微斗數」或「占星術」，基本上是在談一個宮位的運勢，而好壞通常是看宮位裡有什麼星辰來決定該生活領域的好壞。

以紫微斗數為例，比如貪狼星坐守官祿宮，命主有強烈的事業心，工作上很賣力，有超人的毅力和開拓精神，擅長交際應酬，會結交權貴，有很多關係網，事業傾向於消費、交際，或由社交而成。

無論男女，早年不順，多挫折；中年後能平穩發展。男命欲望高，過於貪心和不滿足，喜投機、冒險，主觀和執著，對想做的工作絕不輕易放棄，事業起伏多變，與人合不來，宜自己創業，不宜與人合伙，總宜戒貪。

或以占星術為例，當星盤中的火星落入了第十宮事業宮，則社會地位、事業成就、權力將是命主人生中追求的重要目標。對於事業發展相當積極，擁有強烈的企圖

寫在前面

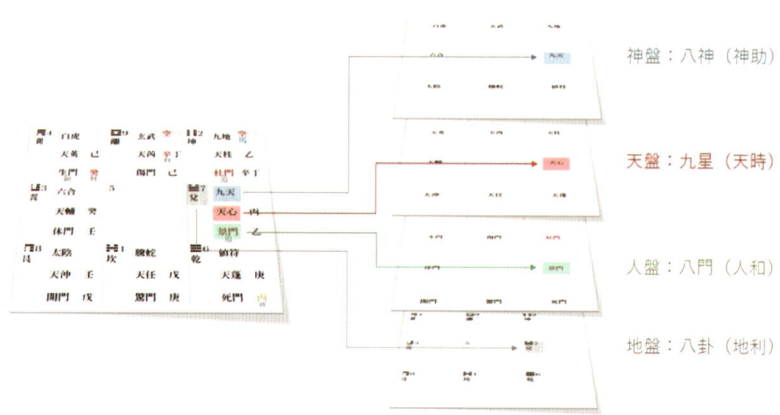

圖 4：奇門遁甲造式四層盤：天盤、地盤、人盤與神盤，代表影響事情成敗的關鍵因素：天時、地利、人和與神助。

心。有時跟貪狼星一樣，就像個拚命三郎似的，將精力都用在事業經營上；在爭取事業成就的過程中，常採取較激烈的競爭手段，因此容易與人產生衝突，甚至給人為了成功不擇手段的感覺。

而奇門遁甲造式四層盤，分別為天盤、地盤、人盤與神盤，代表事情成敗的關鍵影響因素：天時、地利、人和，還有神助。天時代表的是時機，正確的時間；地利，是正確的方向；人和，就是要做的事情，也就是做事的方法、途徑；而神助就是有沒有貴人相助，如圖4。

所以奇門遁甲是一門四維時空能量學，不僅能以「未來視角」預知吉凶成敗的結果，還能以「底層視角」分析影響吉凶成敗的關鍵因素：天時、地利、人和與神助，進而透過預測、運籌與改運的方法，讓你預先

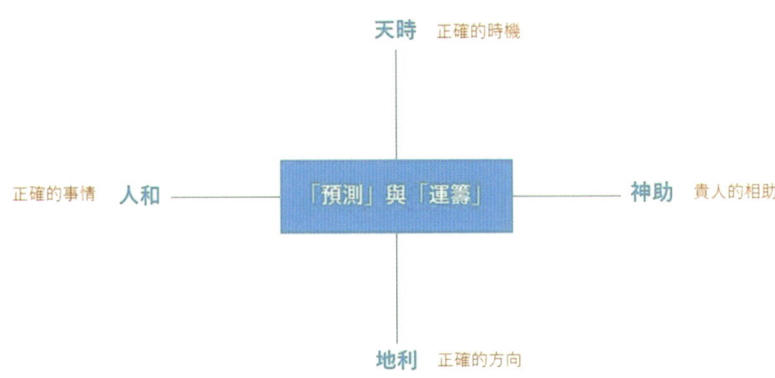

圖5：奇門遁甲的用途與影響事情成敗的關鍵因素。

掌握機會與避開危機，趨吉避凶，扭轉命運，改命造運，如圖5。

奇門遁甲能讓你清楚地了解到，究竟是哪些因素導致你成功或失敗，到底是當時的時機不對、方向不對，還是做法不對，或是沒有貴人相助，而導致事情事倍功半，不能成功，要如何針對癥結點，對症下藥，進行改變，才能達到成功勝利？這就是奇門遁甲有別於其他論命術最大的差異。

為什麼奇門遁甲要如此設計？因為奇門遁甲這門學問或此項工具，其設計之初就不僅止於用來預測，而是用來改變的，用來將逆勢轉為優勢，因為兵法是用來打勝仗的，只有能掌握及操控影響成功關鍵因素的論命及改命術才能幫助你成為人生勝利組！

本書單元介紹

本書共分八堂課：

第一堂課，是本書最重要的一堂課，建議讀者仔細研讀思考，必有所悟，必有所獲。第一堂課，談生命的意義與解讀命盤前的重要觀念，也就是在解讀命盤前，我們首先要了解生命的本質及真相──為什麼我們被賦予了生命？生命的意義及目的究竟是什麼？我是誰？為什麼來到地球？未來我將往哪裡去？在我們的人生劇本（命盤）裡，到底安排了哪些活動與人事物來讓我們經歷、體驗、學習、成長與改變？只有建立對生命正確的認知，了解生命的意義及目的，才能好好運用生命中的歷程，掌握自己的人生，達到「以終為始，操之在我」。

第二堂課，開始介紹奇門命盤及兩款線上程式，詳細說明奇門命盤的組成要素，包含十二個人事宮位，奇門主要符號類別：十天干、八神、九星、八門、八卦、格局，以及大限，並且說明各符號的象徵含意，以及介紹解讀宮位最核心的關鍵技巧。

第三堂課，介紹奇門命盤最重要的元素：十二個「人事宮位」，這人事十二宮定位了這一生你與你最在乎的人之間的人際關係，彼此之間關係是否和諧，性格是否相投，緣分的淺薄深厚，以及你最在乎的生活領域的發揮表現，運勢吉凶，得失成敗。

第四堂課至第七堂課，分別詳解八神、九星、八門、天干與格局在人事十二個宮位的表現。在人的宮位裡，他會呈現什麼樣的人格特質，與建議你與他的相處方式；在事的宮位裡，會發生什麼事，與建議如何應對。

第八堂課，結合運用前面七堂課所介紹的知識及技法來分析命盤，並做出一份命書。在本堂課裡，將提供一個「完整的本命盤解析實例」及「本命盤命書的製作流程與格式樣板」，以案例運用前面七堂課所介紹的知識及技法分析命盤並做出一份命書。

關於如何運用命盤進行推運及計算流年，我將在下一本專書**《九宮奇門4：論命學（下）流年推運》**裡介紹，詳解如何運用命盤進行推運及計算流年，幫助你預先掌握機會與避開危機，以達到趨吉避凶的目的。

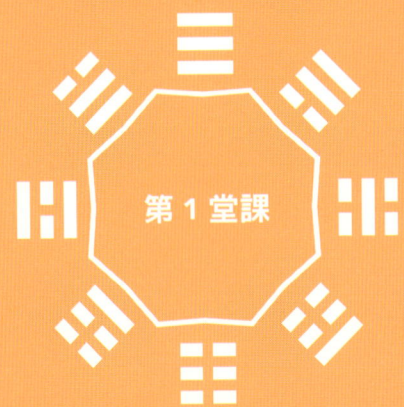

第 1 堂課

生命的意義與解讀命盤前的重要觀念

第一節 生命的意義與宇宙的真相

① **生命的意義不在於「追求結果」，而在於「體驗過程」**

生命的本質真相也是造物主的真實意圖，就是為你設定好全部的人生劇本，讓你按照劇本精準無誤地「經歷、體驗」人生百態和層層關卡。

用這些關卡一遍一遍喚醒你的靈魂，期待你有一天覺醒開悟，看清宇宙和生命的真相，不斷地為自己的靈魂開疆拓土，升級躍遷，跟宇宙母體源頭意識趨於一致。同時期望你在人間找到自己的人生「使命」，發揮、擅用你的「天賦」，一生做一件發自內心熱愛的事情，並以此來服務眾生，讓世界因為你的存在而變得更美好。你的覺醒悟道、奉獻眾生，最終也將使你變得豐盛富足，自在圓滿。

也就是說，生命的真相、造物主的真實意圖，是讓你借假修真，完成靈魂的升級、人生的使命，用高維智慧和能量，因用心地利他而得到無心的自利。

生命的意義：不在於「追求結果」，而在於「體驗過程」。

是過程，而不是結果；是體驗，而不是追求！

重在體驗，而不是沉浸、迷戀於追求名貴情財的成功，反倒忘了來地球體驗的目的，甚至不願離開。

也絕對不是讓你在劇本裡入戲，而是讓你在劇本裡出戲，從演員變成導演和編劇；以導演和編劇的力量，讓劇本裡所有配合你演出的眾生都因為你的存在而變得更好。

因為一旦你入戲了，就會想急於求成，不勞而獲地走捷徑，不再忠於靈魂，不再找尋使命，而選擇了一種會讓你不喜歡、不快樂、不舒服的方式，更會不斷地去追求外在的物質條件和情感的滿足，並且一直被困住無法覺醒，無法真正的富足，無法真正的大自在、大快樂。這體現了大部分平常人的一生，如同螻蟻一般非常痛苦。

生命的意義在於經歷人生劇本過程中所帶來的體驗、感受與體悟，由一連串的小悟累積至大悟，帶來成長與改變，進而達到最終的開悟、離苦得樂、豐盛富足與圓滿自在。所以，我們在地球的存在，就是要來感受和體驗這個世界的，其他的目的皆是其次！

② 地球有時間，而高維的世界沒有時間

什麼是時間？時間是一種事件活動發生的次序、順序。時間就是從A點到C點，必須要經歷過B點的順序；也就是若從A開始要到C，就不能直接跳過B達到C，必

定要經過B，依照A→B→C的順序前進，這叫時間。也就是說，時間是有序的，有先後次序的發生。

例如，我們想要吃一塊牛排，這是「開始、起點」，在下一瞬間就吃完了，這是「結束、終點」。如果中間直接跳過吃牛排的「過程、體驗」，那你根本就不知道這塊牛排的味道，也不知道它到底好不好吃；即不知道「沙朗牛排」與「老饕牛排」的差異在哪裡，也不清楚哪種牛排比較好吃，比較不好吃，好吃在哪，不好吃在哪。

就是因為想要體驗「從沒有到有」、從「不知道到知道」的「過程」，地球才被設計成有時間。如果地球沒有「時間」，那你幹嘛來到地球？快回火星去吧，地球不是你該待的地方！

那為什麼地球要被設計成有「時間概念」這個元素？

因為我們想要有感受，就只能透過經驗；你經歷過，你才有相應的感受。如果你無法親身自己去經歷的話，你就只能透過想像去體會，但有很多東西是很難想像，甚至無法想像的。

例如，生過小孩的媽媽，是無法讓男人體會媽媽生小孩的經歷與感受，即使妳跟男人說破了嘴，他們也只能想像，很難體會。但當媽媽們在一起時，就能彼此深刻地交流生小孩的經歷、過程與體會，因為她們都經歷了生小孩的過程。

而把這些過程中經驗的感受與體悟整理出文字，我們就可以稱之為「經」，經歷

的「經」。

每一個媽媽都有一本自己的「媽媽經」，而男人即使看了這本媽媽經，也只能想像，無法真正體會女人生小孩的感受，除非他自己有過同樣的經歷；只要生產過，那他就什麼都懂了。

這也是為什麼佛陀的經典，我們看不懂，無法體會。

佛陀的經典記錄了佛陀在進入高維世界的開悟及體驗的經歷、對於高維時空所體驗的感受、感悟與智慧。對於沒有經歷過升維過程，或沒有高維時空世界的認識與體驗的凡人，就只能從現有或過去我們這個世界的認知與體驗，來想像和猜測。沒有相同類似經歷與體驗的我們，是讀不懂，也很難體會佛經的內容的。佛經的「經」字，就像媽媽經的「經」，指的是「經歷」！那麼⋯

你如何向一名盲人，解釋什麼是「顏色」？
你如何向一隻螞蟻，解釋什麼是「人類的世界」？
你如何向一個古人，解釋什麼是「手機」？
沒有體驗過生活，沒有那樣東西、那種事件的概念，你又如何能體會、能了解、能明白？這就像某些女人會向男人說的一句話：「你不懂我的明白！」

所以，生命的意義不在於「追求結果」，而在於「體驗過程」。地球的設計必定要有時間，因為地球存在的目的就是要讓你「體驗過程」。

那為什麼你會來到地球？因為是你許願來的，是你想要來的，是你想來體驗地球的生活。是你，沒有別人。如今你已乘願而來，心想事成了！

奇門命盤裡的人事十二個宮位，就是你這一生裡，在地球上所將要體驗的人物、活動與事件。體驗其過程中的得失成敗，酸甜苦辣、愛恨情仇、喜怒哀樂，其目的主要是讓你得到感受與體悟，帶來成長與改變，最終增長智慧、開悟覺醒。

③ **宇宙的真相：為實現願望，就必須先處於願望沒實現的狀態**

奇門命盤是你的人生劇本、生命的藍圖。它是你來到地球之前，與宇宙協定好、安排好了的「體驗計劃」與「學習、改變與成長的藍圖」，而你是滿懷著期待，乘願來到地球這個體驗學習營的！

奇門命盤所揭示的人生劇本，裡面所有的活動與歷程，都是你想要體驗、你想要玩的！不過，你所設想的體驗，可能與你期待、理解的有很大的落差，甚至會完全相反！為什麼這樣說呢？

舉個例子，比如你想體驗「輕鬆自在」的感覺，宇宙就會想方設法地安排一個體驗活動，比如讓你的左右手各拿一個五公斤重的啞鈴，然後要求你雙手平舉撐三十分鐘，手不能放下來。

在這過程中，你可能會舉到手痠，會撐到齜牙咧嘴，臉上滿是淚水和鼻涕，加上全身汗水淋漓。你會體驗到「極度痛苦、雙手痠痛到不行的感覺」！一直等到三十分鐘結束，宇宙安排這項活動真正的意圖才來了。當你的雙手終於放下啞鈴，這時，你將會真正體會到什麼叫作「輕鬆、自在、真正痛快的感覺」！

宇宙的真相正是：「為了實現願望，必須先處於願望尚未實現的狀態」。

為了實現當事人的願望，眼前才會出現還沒實現願望的「現實」。

想要「有男朋友」，前提條件就是妳現在「還沒有（或還少一個）男朋友」。

想要「有」，就必先處於「還沒有」的狀態。

想要真正體驗「輕鬆自在」的感覺，就得先經歷「負擔沉重」的過程與狀態。

如果有人許願「想變幸福」，為了實現那個人的願望，今生就會出現「現在並不幸福」的狀態。

因為許願「想要有錢」，才會出現「沒有錢的現實」；因為許願「想變優秀」，才會出現「自己不優秀的現實」。

你「想要優秀」，便可能會先出現「挫折」。因為經歷過挫折後所得到的成功才是真正的成功，才會珍惜成功。同理，追求感情、事業、財富、名聲亦然。

想要得樂，就得先經歷受苦。

「心想事成」可以分為三個階段：

1. 開始許願，想要輕鬆，這叫「心想或緣起」；
2. 中間極度痛苦、雙手痠痛的過程，這叫「歷劫或歷劫」；
3. 最終放下啞鈴、輕鬆自在了，這叫「事成或緣滅」。

這是必須經歷的三個階段：緣起（因）→歷劫（果）→緣滅。緣滅之後，另起下一段新緣，循環不已。

你的命盤，正是宇宙為了實現你的願望，在此生你必須經歷與體驗的活動藍圖。所以當你投生於地球時，你已經心想事成了，你的願望已經兌現了。從舞台、道具、活動，到配合你的演員都已安排好了；燈光亮起，布幕拉開，接下來就等你登場，踏上一段體驗的旅程！

一旦你已降生至地球，不管你喜不喜歡、滿不滿意你的命盤，你都只能接受，因為這是你要的，所以討論已經結束了。**The meeting has ended, and the conversation has closed.** 現在已經進入執行階段了，如果想要調整、改變，請等下一回合。

因此，如果一張命盤的某個宮位，例如官祿宮，宮位裡充滿了好的、有利的奇門符號，代表你在這一生的事業上易有貴人提拔、有機會成就發展、仕途較為順遂，這

樣相對上運勢是好的，我們就要好好珍惜、把握這機緣。

相反的，如果夫妻宮出現了不好的、不利的奇門符號，我們也不須悲觀。雖然感情上較易遇到的婚戀對象，可能想法上比較不正確、個性不佳或心態有問題，與之交往可能會被渣男傷害、痛苦折磨或不幸福，但因有了這痛苦的經歷與體悟，你成長改變了、眼光變好了，不僅不再看錯男人、輕易投入感情，反而能辨別出與自己合得來的優質男孩，並且與之相處能珍惜得來不易的緣分，最後便能成就一段良緣。

人性就是輕易到手、不用付出代價、不經歷痛苦的，便不懂得識貨，不會珍惜。

正所謂「不經一事，不長一智」。

就是因為「想要有個好的男友」，才會出現「沒有好男友的現實」；想要「幸福快樂」，才會出現「不幸痛苦」。

我們人生所經歷的每一件事，無論是好事或者壞事，遇到的每一個人，無論好人或壞人，都是來成就我們的，都是我們的貴人，幫助我們實現夢想的。讓你痛苦的，往往是你最需要提升的地方，也是你最想要的。

如果你創業的道路艱難險阻，創業就是你體驗的道場；

如果你與伴侶之間有矛盾，夫妻關係就是你體驗的道場；

如果你與孩子溝通有問題，教育就是你體驗的道場；

如果你的身體出了狀況，健康就是你體驗的道場。

每一件煩惱是道場，每一次情緒是道場，每一次擔心、恐懼、害怕、痛苦和折磨，全部都是你體驗的道場。

所以體驗命盤裡的人事十二宮，最好的方式就是把它們看成是十二種道場，而體驗它最好的方式，就是把它當成是一種修行。每一個現實問題都是你修行的最佳入口，都是宇宙安排來讓你體驗與揚升的活動與人事——為了實現你想改變和成長的願望，為了幫助你成為更好的自己！

④ 人為什麼要受苦？

《老子．五十八章》曰：「禍兮福之所倚，福兮禍之所伏。」意思是說禍與福互相依存，可以互相轉化。禍是造成福的前提，而福又含有禍的因素。

人為什麼要受苦？

因為痛苦和快樂都是生活的一部分，痛苦和快樂是一體的，就像一張紙的正面和反面。如果正面在，反面就一定在。如果正面說：「反面，你得走開，我不想要你。」這是不可能的，因為如果沒有反面，也就沒有正面。

為了生出蓮花，就需要淤泥。淤泥髒、味道不好，蓮花卻很清新、味道很好聞；然而沒有淤泥，就長不出蓮花。

淤泥如同痛苦，蓮花如同快樂。如果你知道如何和淤泥共處，就能長出美麗的蓮花；如果你知道如何與痛苦相隨，就能創造快樂。這就是為什麼我們需要一些苦痛來生出樂。而當我們的痛苦已經足夠多了，就不需要再創造出更多的痛苦了。

我們要學會怎麼好好利用痛苦來打造快樂。如果我們長了智慧，就知道如何受苦，受的苦也會少很多。受一點苦，就可以擁有更多理解和慈悲，使我們快樂。這就是用淤泥來養蓮花，是必須刻意練習，同時也是此生非常重要的練習──「如何好好地利用痛苦來創造快樂！」

當你改變了看法，突破了認知，擁有了這項能力之後，你就能知道受苦的好處。因為痛苦在有些時候是有幫助的、有用的，它並不完全是負面的。痛苦就像淤泥，還是有派上用場的時候。

如果你習慣以有機肥料種菜，就會知道怎麼保留廚餘垃圾做堆肥，為鮮花蔬果提供養料。這時你就不會選擇扔掉垃圾，因為垃圾對你來說是有用的。痛苦也一樣，你不需要擺脫痛苦，反而可以把痛苦當成一種肥料，生出快樂之花（本段摘錄自一行禪師《你可以不生氣》）。

運用受苦，創造快樂；先受苦，後快樂。

沒有十二個宮位各領域都一百分、完美無瑕的命盤。你喜歡也好，不喜歡也好，

⑤ 人生的一切只有使用權，沒有擁有權

人生的一切只有使用權，沒有擁有權；人生的一切都只是暫時借來用的，使用期限結束了，就得還回去，不管你願不願意。

所有命盤裡所安排的，不管是好的或不好的，或者說，人生一切人事物的所有權都不是你的，只是被你拿來體驗用的而已。

萬物不為我所有，但萬物皆有機會為我所用。這一生所有的東西，我們只有使用權，沒有絕對的擁有權；包括我們的生命，也只是階段性地被我們使用而已，最終都會消失。

一旦認為某人某事或某物是屬於你的，那你必然會因為患得患失而感到痛苦。

如果你認為孩子是自己的，那孩子未來會因為年紀漸長而離開你身邊，孩子其實是屬於別人老公／老婆的，你是在幫別人養育他的老婆／老公。你的孩子是別人的，他只是暫時寄養在你這邊；他們是別人的，是社會的，是宇宙的，怎麼會是你的？

就是有些宮位，你在經歷的過程會感到痛苦，這是事實，你無法改變。當然，有些領域你可以選擇，例如你可以選擇不生小孩，更可以選擇不要體驗生養小孩的過程，相對的，你也將得不到陪伴、教養小孩所帶來的成長與快樂！

所有東西都只是階段性地被我們使用而已，擁有是偶然，失去是必然，有緣起必有緣滅。當你明白這個世界的真相是「失去」的時候，那還有什麼可以悲傷難過的？名貴財情的失去是一種必然的結果。

你的身體讓你用上幾十年就會自然消亡了。你連自己的身體都會失去，連生命都沒辦法執著，更何況是透過這副身體在這個世界所獲得的家人、伴侶、同學、朋友、獲得的功名利祿等等，更沒法執著。

世間一切，用就行了，體驗就行了！

再者，如果只把重心放在結果的得失成敗，那就有得也有失，有成功與失敗；得到或成功時開心，失去或失敗時痛苦。

「人生只有得，沒有失。」如果把重心放在過程中的學習及體驗，那就只有得沒有失；得到了教訓、體驗、感悟及智慧，或是得到一種體驗、一種回憶，都只有得，得到了「成為更好的自己」的學習與成長的機會。

「人生只有成功，還會有更成功。」人生只有成功，沒有失敗；失敗是為了讓你更接近成功，讓你更成功。

「命盤裡只有好的宮位，沒有不好的宮位，所有不好的宮位，都是為了幫助你成長，讓你變得更好，讓你以後可以體驗到真正的好。」命盤裡只有好的宮位，還有以後會變更好的宮位。

如果過度重視、追求某方面的得失成敗，太過癡迷，就會產生患得患失的焦慮和痛苦。因為得不到，很痛苦，得到了又失去，更痛苦。

人生只有使用權，沒有擁有權！只體驗，別當真；只使用，不擁有！

所以，正確的認知是：在你所能使用的期間，好好活在當下，珍惜當下看起來你所擁有的一切（包括使用期間），盡情地體驗與享受，並且別忘了：「只體驗，別當真；只使用，不擁有！」

你唯能把握的，只有「現在」，因為「明天」跟「意外」不知誰會先到來。

當他離去的時候，你難免會感到悲傷與痛苦；感謝他在之前帶給你美好的體驗與開心的回憶；好好珍惜當下，盡情享受你手上還有的，以及未來將有的使用權。

第二節 解讀命盤前的重要觀念

① 你有選擇的自由，命運可以操之在我

雖然我們可能無法改變外在的環境，或命運裡人生際遇的變化無常，但我們人類與其他動物最大的不同，就是我們有「選擇的自由」。我們有「自我意志」可以自行決定如何看待這個世界，選擇如何回應這個世界，如圖6。

人有「選擇的自由」，這種自由來自人類特有的四種天賦。我們有「自我意識」，能思考如何回應外界的刺激；還擁有「想像力」，能超脫現實；有「良知」，能明辨是非善惡；更有「獨立意志」，能夠不受外力影響，自行其是。

如果仔細觀察，我們會發現人類和動物最大的區別，不僅僅在於我們會使用工具、會創造語言來溝通，更在於我們有「選擇的自由」和「自我的意識」。這意味著，我們可以決定如何看待這個世界、如何回應這個世界。我們擁有自由的意志可以決定外界環境對我們的影響程度，而這是動物所不具備的。

「你有選擇的自由，你有能力可以自行決定外界的刺激對本身的影響程度。在刺

第 1 堂課　生命的意義與解讀命盤前的重要觀念

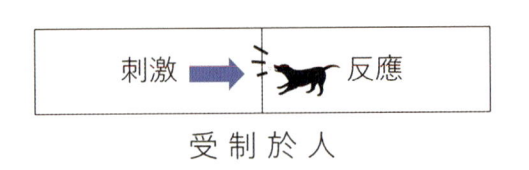

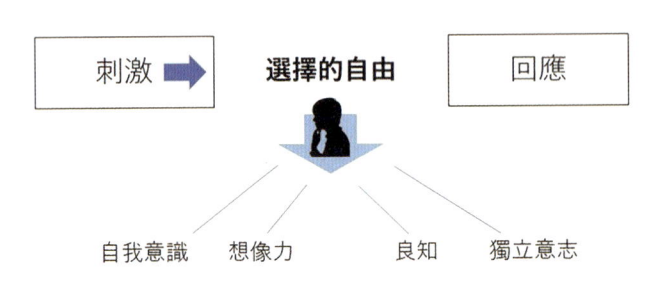

刺激 ➡ 反應

受制於人

刺激 ➡ 選擇的自由　回應

自我意識　想像力　良知　獨立意志

圖6：人有選擇的自由，可以選擇用何種方式回應外來的刺激。

激與反應之間，你還有選擇如何回應的自由！」

我們和動物不同，動物對外來環境的刺激是由本能所決定的，基本已定型而且無法改變（動物也很難改變命運，因為牠們看不懂我寫的書）。但生而為人，我們有機會可以升級，可以成長和改變，也可以跳脫本能及客觀環境的影響，不受命運的拘束。

許多人把命盤當成是我們人生的預言，自覺命盤裡的一切我們無力改變，並對此深信不疑。我們的生活環境像是預設的路徑，似乎已經決定了我們的方向和結果。但學習及了解自己的命盤，不是要被命盤所掌控、限制及綁架，也不是學來讓我們擔心、害怕及恐懼的，反而要超脫於命盤之外，知命瞭命而不受制於命！

學習論命，並非要讓自己受其束縛，而是要從中覺悟，了解命盤帶來的啟示，並以此為跳板，超越那些看似注定的限制。這就像是一場心靈的覺醒，你開始意識到命運其實是流動的，它隨著你的每一個決定而變化。

學命、論命，最重要的目的是要超越命運！

要想真正掌握命運，需要認識到「你有選擇的自由，命運操之在我」的真諦。

受制於人者，易被自然環境，被他人或命盤所左右；在好天氣時，心情好，在不好的天氣時，就心情壞。

而操之在我的人，天氣的變化、外在的環境不會對他發生太大的作用，他的心中篤定，知道自己要的是什麼，不要的是什麼；他們有正確的認知及價值觀，可以做出正確的判斷與選擇，主動積極採取正確的行動，知行合一，不受制於外在環境人生際遇的影響，不受制於命盤！

無論哪一張命盤，要實現及追求圓滿人生的首要準則就是——你有選擇的自由，命運可以操之在我。操之在我的觀念不僅代表人要為自己的生命負責，且個人的行為與選擇取決於本身，而非外在的環境，或聽從一張命盤的安排。人有能力，也有責任選擇及創造對自己有利的環境，來改變自己的命運。

在道家的觀念裡，天地人，人占其一，人與天地各占三分之一。道家曰：「我命由我不由天。」人的力量很大的，人可以改變自己的命運，只要深諳「操之在我」

的道理，不把自己的選擇及行為歸咎於環境、他人或命運，就有機會以「升維的視角」、「操之在我的態度」看懂、利用，甚至跳脫命運的安排！

② 向下沉淪的力量——世界上最大的漩渦是人的私欲與執著

身而為人，我們有「選擇的自由」，但大多數的人卻沒法發揮自己的天賦，埋沒了自己選擇的能力，反而受制於命運的擺弄。到底是什麼原因造成的？追究其底層邏輯，有兩大主因：一、是錯誤的認知（如第一節所談到的）；二、是沒法控制自己的私欲與執著。

沒法控制自己的私欲與執著，不僅讓人得不到自由，尤有甚者，還可能被捲進命運的無底深淵，遭受無盡的痛苦折磨。

人生如航行於大海，風浪不斷，處處充滿了漩渦，我們稍一不慎就會被捲入漩渦，被內捲，如圖7。

「內捲」一詞是這幾年網路上爆紅的流行用語，原本用來形容某個領域內發生了過度的競爭（好比以前常聽到的「紅海」一詞），導致人們進入了互相傾軋、內耗的狀態，每個個體變相地付出了更多的時間、精力、金錢或代價，但最後並沒有提高產出和所得。

圖7：人生如航行於大海，處處充滿漩渦，稍一不慎就會被捲入。

大多數人就像螞蟻看到糖，只看到了漩渦中心的利益：就是那塊糖呀，甜滋滋的糖呀。雙眼被自己的欲望蒙蔽，不顧「要付出的代價」及「可能的後果」就跳進去、捲進去啦！如圖8。

我們也可以把奇門命盤的人事宮位，比擬為不同類別的漩渦。會被捲進漩渦中，除了錯誤的認知，另一個主要的原因在於「自己」。因為這是「自己想要的」、是「自己的欲望、自己選擇的」，控制不住自己的欲望，就會自己選擇跳進漩渦，被捲進去，如圖9。

世界上最大的漩渦正是人的私欲與執著。

第 1 堂課　生命的意義與解讀命盤前的重要觀念

44

圖 8：利慾薰心的螞蟻只看到漩渦中心那塊甜滋滋的糖，就跳進去，被漩渦捲進去啦。

圖 9：命盤的人事宮位好比大海裡的漩渦，被捲入是因為被自己內在的欲望給捲入了。

我們常說：「外在世界是自己內心的投射。」你是什麼樣的人、發生什麼樣的事。如果沒有被內心私慾的漩渦捲進去，面對外在的漩渦你又怎麼會跳進去、被捲進去，進一步被影響？

我們常聽別人抱怨：這世上怎麼有那麼多騙子呀？究其原因，是因為世上的傻子太多了，才會有那麼多的騙子呀！俗話說：「樹多必有枯枝，人多必有白癡。」騙子會出現，是因為「供需原則」，有人想要、急於被騙，有這需求，才會有供給，他是應你之願而來騙你的呀！

投資一筆錢，每個月會有百分之八的回收──這也有一堆人信，他不騙你，騙誰？他不騙你都覺得對不起自己，皆因為有人渴求自己被騙，騙子才有機會得手！

所以，在大海裡看到漩渦，我們該怎麼辦？

要趕快駛離、遠離它呀，別被漩渦內捲進去呀！

所有的「擁有」及「得到」，都得付出代價來交換，能量要守恆。假設你想要孩子或伴侶，就得負起責任照顧他；你想要有個房子，也得負責盡力去維護；你創業想要有人投資，那你就得負起責任把產品做出來、賺到錢，不然別人是不會輕易放過你的，因為錢不是白拿的。

所有「得到」及「擁有」的那一剎那，人往往只能開心幾天，接下來就必須開始面對責任、照顧和付出，也要開始經歷失去，以及面對煩惱！

螞蟻只看到漩渦裡的糖，沒看到漩渦——責任、照顧、付出、失去、煩惱；你想得到「有的好處」，也得付出「負責、失去、煩惱、痛苦」的代價。

把自己的生活及生命的重心放在外界，並依賴在自己無法主導、掌握的環境或他人身上，就是把自己的「命」及「命運」交給別人！

這種將生活重心過度倚靠外在環境及他人身上的情況，一旦期望與現實產生落差，就可能對自己產生不好的情緒，或發生不利的影響。

人人都有生活的重心，即使不一定能意識到，它依舊存在。在奇門命盤的設計中，我們此生有十二個生活的重心，也就是人事十二宮，如圖10。

以奇門夫妻宮為例，夫妻宮代表配偶，而婚姻可說是最親密持久、最美好可貴的人際關係，因此以夫或妻子為重心的人，被捲進去再自然不過了。

但以配偶為重心的婚姻關係，或者渴望追求完美感情的人，多半會發生情感過度依賴的問題。太過於重視婚姻問題，會使人的情感異常脆弱，經不起許多打擊，甚至無法面對新生兒降臨或經濟窘迫等等的變化。

婚姻會帶來更多的責任與壓力。兩個背景不同的人，思想必定有差異，於是乎理財、子女教養、婆家或岳家的問題，都會引起爭執。若再加上其中一方情感難以獨立維持，這樁婚姻便岌岌可危。

如果其中一方在情感上依賴對方，卻又與對方有所衝突，就易陷入愛恨交織、進

子奇門 TZCHIMEN

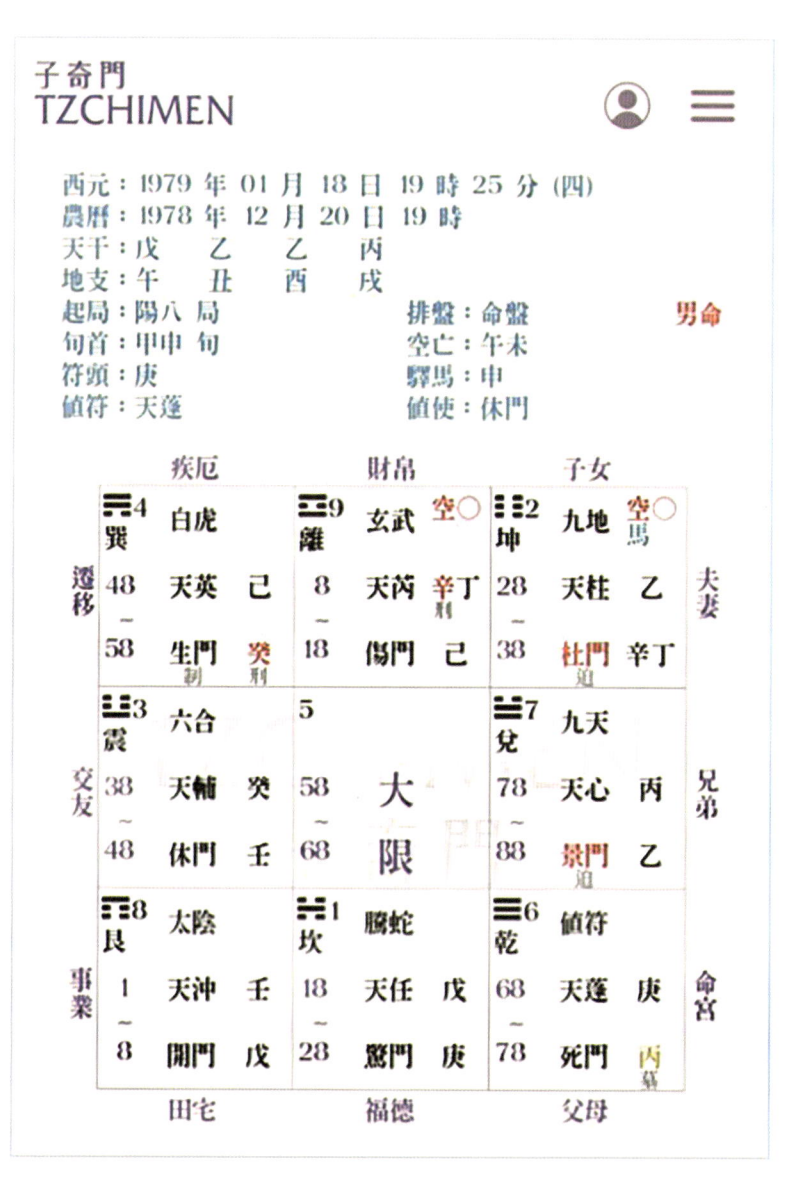

西元：1979 年 01 月 18 日 19 時 25 分 (四)
農曆：1978 年 12 月 20 日 19 時
天干：戊　乙　乙　丙
地支：午　丑　酉　戌
起局：陽八局　　　　　排盤：命盤　　　　男命
旬首：甲申旬　　　　　空亡：午未
符頭：庚　　　　　　　驛馬：申
值符：天蓬　　　　　　值使：休門

	疾厄			財帛			子女	
☴4巽	白虎		☲9離	玄武	空○	☷2坤	九地	空○馬
遷移	天英	己		天芮	辛丁刑		天柱	乙
48~58	生門制	癸刑	8~18	傷門	己	28~38	杜門迫	辛丁	夫妻
☳3震	六合		5			☱7兌	九天	
交友	天輔	癸	58~68	大限		78~88	天心	丙
38~48	休門	壬					景門迫	乙	兄弟
☶8艮	太陰		☵1坎	螣蛇		☰6乾	值符	
事業	天沖	壬	18~28	天任	戊	68~78	天蓬	庚
1~8	開門	戊		驚門	庚		死門	丙墓	命宮
	田宅			福德			父母	

圖 10：奇門命盤人事十二宮，命宮、兄弟宮、夫妻宮……

退失據的矛盾中。為了保護自己,往往會更加退縮及排斥對方,於是冷嘲熱諷取代了真實的感受,感情用事的結果是失去了方向、智慧與力量。縱使保住了婚姻,也可能名存實亡。

<u>又以奇門財帛宮為例</u>,財帛宮代表求財、財運與金錢。誰也無法否認金錢的重要性,經濟上的安全感也是人類最基本的需求之一,因此追求財富無可厚非,但若視錢如命,往往得不償失。

如果一個人的安全感完全建立在金錢的多寡上,勢必寢食難安。影響財富的變數太多,任何一個閃失都令人承受不起,但金錢卻不能帶來智慧或指引生命的方向。另外,<u>幸福感</u>往往不全然由金錢所決定,且幸福感也只能提供有限的力量與安全感。有人為了逐利,甚至不惜將家庭及其他重要事務擺一邊,但「工作、賺錢的機會還會再來,孩子的童年卻只有一次」。

你可以有欲望,可以選擇被捲,但萬一被捲進漩渦了,記得:別沉溺於漩渦之中,別被「私欲與執著」的漩渦給無限捲入。體驗過就好了,別太當真,趕快駛離。

③ 向上提升的力量——完成使命夢想，實現自我與成長

更好的方式是，我們可以像個堅強的船長，按照自己的意志導航。天氣好時，順風順水；天氣差時，或許需要繞遠路，但終點依然在那裡。

決定航行方向的不是天氣的好壞，也不是大海的流向，更不是海上的漩渦，而是船長。是船長的「自主意識」讓他在生命的河流中找到自己的航道。在人生的大海中，我們都是自己命運的船長，我們都有「自由意識」與「獨立意志」，我們都有選擇的能力，可以為自己的生命負責，成為更好的自己，過更好的生活！

在這樣的認知之下，我們該如何實現「操之在我」的生活呢？

首先，我們需要學會的，就是「了解自己」、「找到自己」。

從古至今，無數哲學家、思想家都告訴我們：了解自己，是所有智慧的開始。我們必須要了解自己的能力、情感、欲望和恐懼，才能明確自己的目標，並為達成這些目標制定計劃。

命盤給我們的，不應是「命定論」，而是打開自我認識之門的鑰匙。透過對命盤的學習，我們可以更好地理解自己的天性和潛力，從而發揮我們的優勢，彌補我們的

不足。當我們知道了自己的強弱項，就能夠更好地制定人生的策略。

此外，我們也會開始理解到，要將生活和生命的重心放在自己身上，而不是外在環境和他人，這是實現自主和自由的關鍵。若依賴於外界，特別是那些我們無法掌握的因素，會讓我們感到無助和被動。相反，將內心作為支點，堅持自己的價值觀和信仰，能讓我們在波動中保持穩定，在變化中找到恆常。

其次，我們應當培養「積極的生活態度」，拿回生命的主導權。

生活中充滿了不確定性和挑戰，但積極的態度可以讓我們在逆境中看到成長的機會。這不是盲目的樂觀，而是一種堅定的信念：即使在最糟糕的情況下，我們也有能力改變自己的狀態，有力量克服困難。

認識到這些，我們就會明白，不論命盤如何指引，我們的人生方向始終掌握在自己手中。我們對待命盤的態度，應該像對待一本「生命使用手冊」——從中獲得知識與使用的方法，卻不必照本宣科。命盤可以是一盞明燈，照亮我們前行的道路，但決定權始終在我們自己。

擁有選擇的自由，意味著我們必須承擔選擇的後果。有時，我們會因為選擇不當而遭受挫折，但正是這些挫折塑造了我們的個性，讓我們學會堅韌，持續前行。

那些由自己選擇所主導的人，他們的生命就像天空中的星星，即使在最黑暗的夜晚，也能閃耀自己的光芒；他們知道自己要的是什麼、不要什麼，不會被外在的變化所動搖。這樣的人，即使遭遇風雨，也能夠在暴風雨過後，找到自己的方向，重新揚帆。

所以，無論我們的命盤如何布局，真正的問題不在於奇門命盤裡宮位的吉凶，而在於我們自己。當我們掌握了這份力量，就沒有什麼是可怕的，沒有什麼是不可能的。我們的未來不是由奇門盤裡符號的吉凶所決定的，而是由我們自己，由我們的意志和選擇所決定的。這才是我們作為人的最大特權與能力，也是最大的責任。

在這樣的自我覺醒下，我們將能夠超越命運的束縛，開創自己真正想要的生活。我們不再是命運的奴隸，而是命運的創造者。這是每個人都擁有的能力，每個人都值得去追求的目標。而這一切的關鍵，就在於「操之在我」：我們的選擇，我們的自由意志，我們的人生。

終其一生，我們一定要找到我們的使命（或夢想），發揮我們的天賦，實現自我的成長。

在人生的旅途上，從小到大，我們不斷地被提醒、被要求，要好好讀書，讀好書

第 1 堂課　生命的意義與解讀命盤前的重要觀念

52

要趕快找個好工作；拚命工作加班，趕快找個好老婆；再賺點錢，趕快買房、生個孩子；趕快升官，再加薪，把小孩子送上好學校，找家教和補習班；趕快買虛擬貨幣、投資股票，再多賺點錢，就可以趕快退休，趕快好好生個病。最後，可以用八個字簡單形容我們這一生在幹嘛，那就是：「一生在趕，趕著去死。」

一直把自己的努力、自己的付出、自己的追求、自己的精力、時間、金錢、能量耗在奇門命盤裡的十二個人事領域內，被這些漩渦拖住，給捲進去！而這一切，到最後離開人世間的時候，沒有一樣帶得走，也沒有一樣可以永遠擁有！

然後一次不夠，下輩子再來一次──這就是生命的意義嗎？這就是我們來地球的目的嗎？這是我們想要的人生嗎？

只是一味追求外在的名利情權，搞得痛苦不堪，而不明白生命的意義在於體驗其過程，忘了這些體驗只是借來幫助我們改變與成長，只使用、只借用，別想擁有。

如果我們一路上只是不斷地趕路，只為了趕快衝刺到終點，那生命的意義最後就只有兩個字可以形容，那就是我們的一生就是在「趕死」──趕著去死！

一路在趕，一生不斷在追求，一生都在找讀什麼書、找什麼工作才有前景？找怎樣的老公老婆？找什麼樣的房子？趕了一輩子，找了一輩子，何時停下來問問自己，我在趕什麼？我究竟在找什麼？

偏離方向的箭，離目標更遠！

一輩子在趕、一輩子在尋找，我們這輩子沒有時間、沒有去問、沒有去找的，就是這一生有沒有「找到自己」、「做自己」、「成為更好的自己」，最後生命走到盡頭，留下一生的遺憾！

現在該停下腳步來想一想，我們這輩子到底在追求什麼？到底要什麼？

許多人埋頭苦幹，一生趕路，卻不知為了什麼而活，為誰賣命，活得糊里糊塗，不知此生所為何來，到頭來發現追求成功的階梯搭錯了邊，卻為時已晚。人們也許很忙碌，卻不見得有意義。

更有甚者，大多數人即使成功以後，反而感到空虛；得到名利之後，卻發現犧牲了更可貴的事物。上自達官貴族，下至平民百姓，無人不在追求更多的財富或更高的事業地位與聲譽，可自名利往往蒙蔽良知，成功每每須付出昂貴的代價。因此，我們務必掌握真正重要的目標，然後勇往直前、堅持到底，使生命充滿意義。

掌握真正的目標，並藉著擬定目標的過程，澄清自己的思慮，凝聚自己的力量與能量，確立目標、全力以赴、勇往直前。

總有一些事，即使不給你錢，你也渴望去做，這叫「使命」；

第 1 堂課 ｜ 生命的意義與解讀命盤前的重要觀念

以終為始 操之在我

圖 11：操之在我的人心中篤定，知道自己要的是什麼，全力以赴追求使命夢想，不受制於外在環境、人生際遇的影響！

總有一些事，你可以做得比別人好，這叫「天賦」；生命的意義在於「運用天賦，實現自我，影響別人，完成使命」。

找到你的「天賦」與「使命」，「實現你的自我」，活成一道光，用生命影響生命，見圖 11。

第 2 堂課

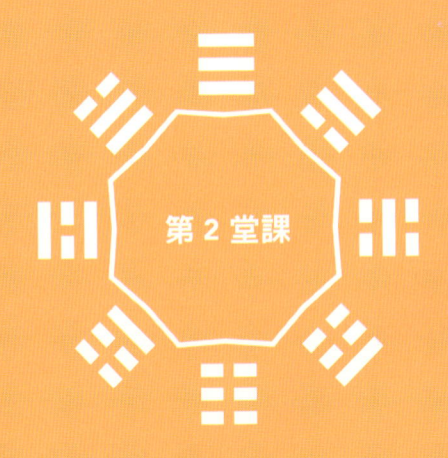

介紹奇門命盤

第一節 如何排奇門命盤

排出一張奇門命盤，有以下三個步驟：

【步驟一】用奇門排盤ＡＰＰ或網路資源，起出奇門盤。

【步驟二】排出「人事十二宮」。

【步驟三】排「大限」。

那麼接下來就分別介紹每個步驟，排出自己的奇門命盤。

【步驟一】用奇門排盤ＡＰＰ或網路資源，起出奇門盤

〔方式一〕使用子奇老師開發的線上「奇門排盤」程式

網址：https://app.tzchimen.com

連上網址付費訂閱後登入，再按「奇門排盤 線上服務」、下方「開始使用」鍵，如圖12所示，就可以進入起盤畫面。

圖 12：子奇老師線上奇門排盤程式。

接著根據以下四個步驟起盤：

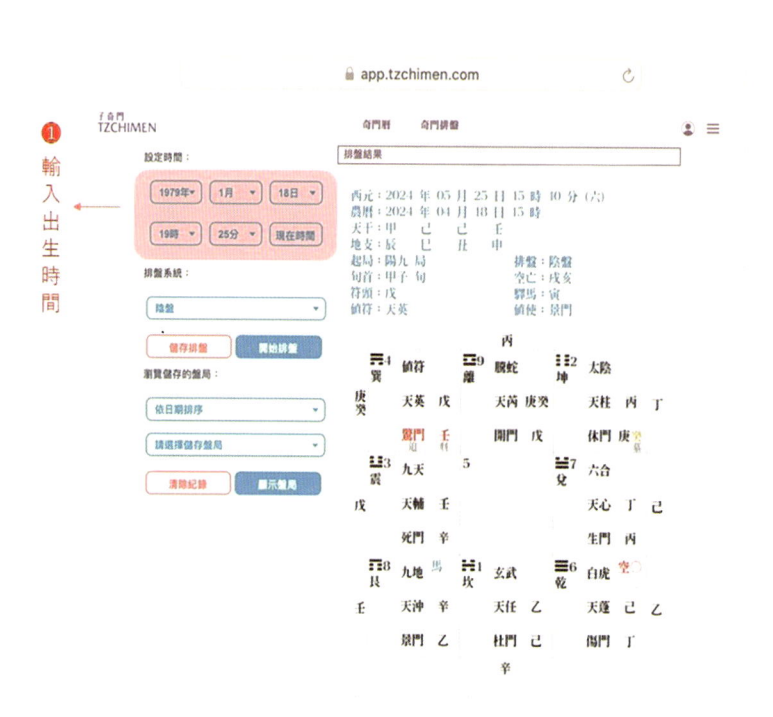

1. 在起盤畫面裡的「設定時間」輸入「出生時間」，如圖13。

圖13：起出命盤步驟：① 輸入出生時間。

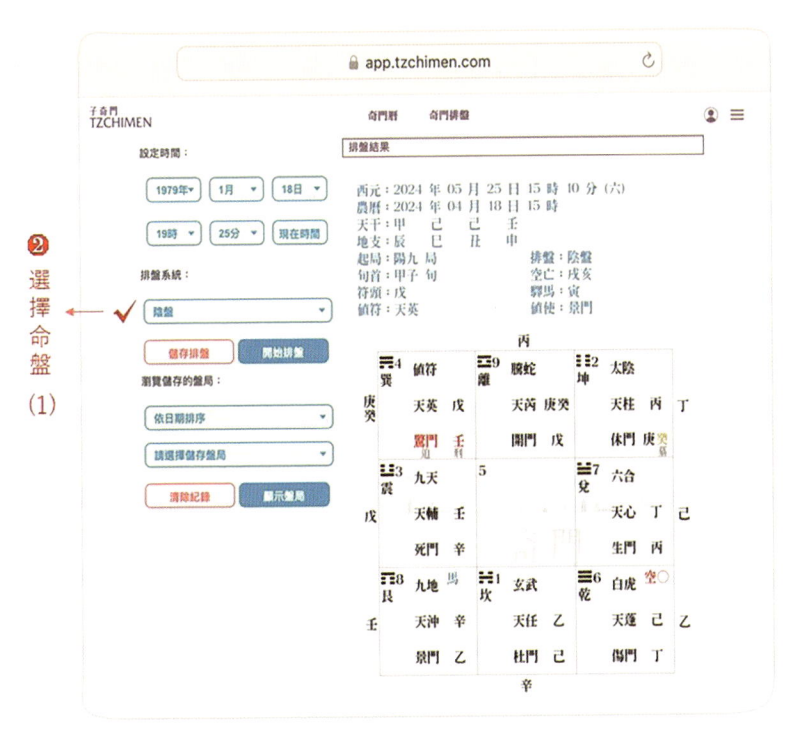

2.「排盤系統」類型選擇「命盤」，如圖14、圖15。

圖14：起出命盤步驟：② 選擇命盤（1）。

第 2 堂課　介紹奇門命盤

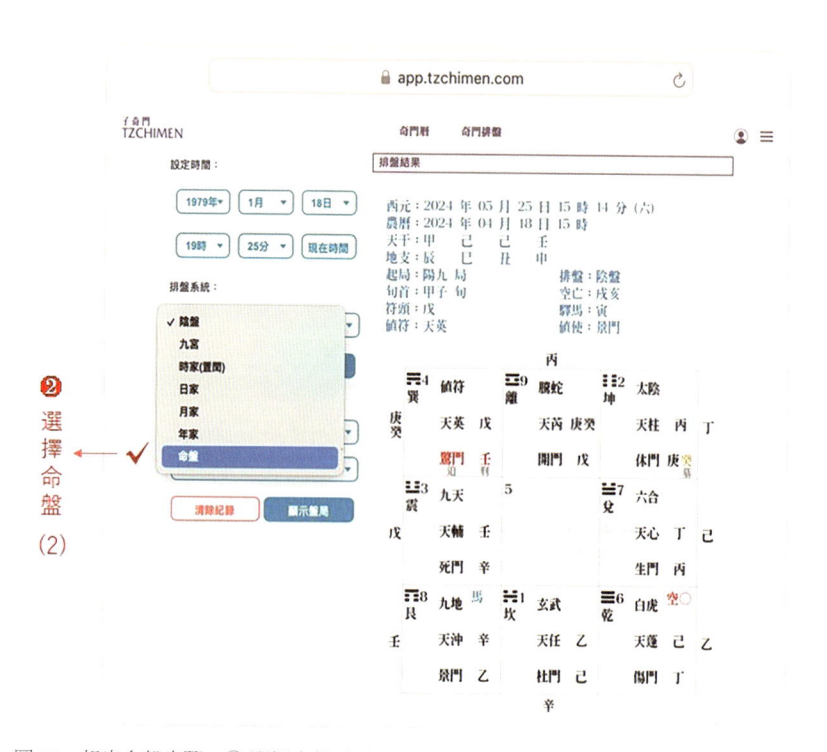

圖 15：起出命盤步驟：② 選擇命盤（2）。

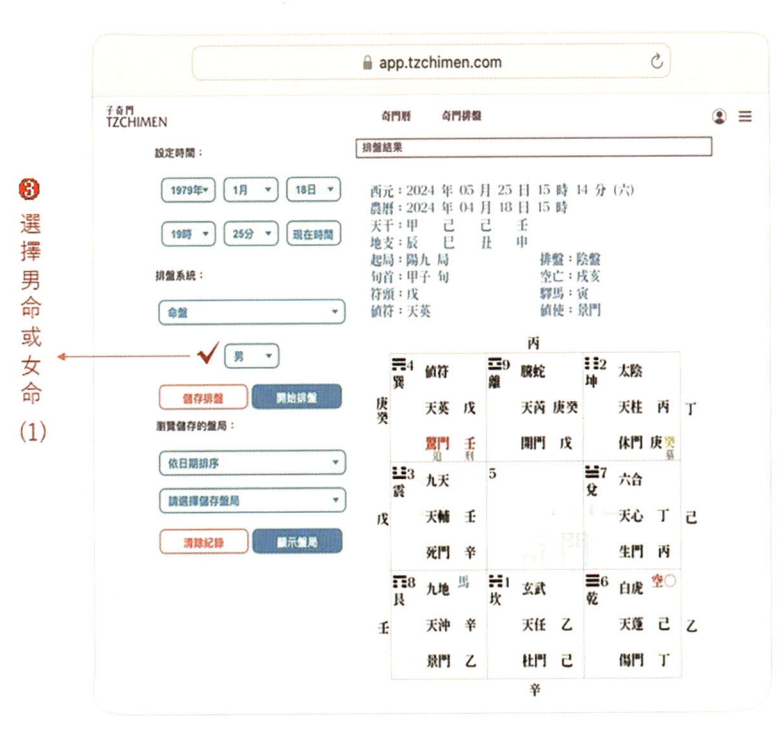

3. 接下來選擇命造是「男命」或「女命」，如圖16、圖17。

❸ 選擇男命或女命（1）

圖16：起出命盤步驟：③ 選擇男命或女命（1）。

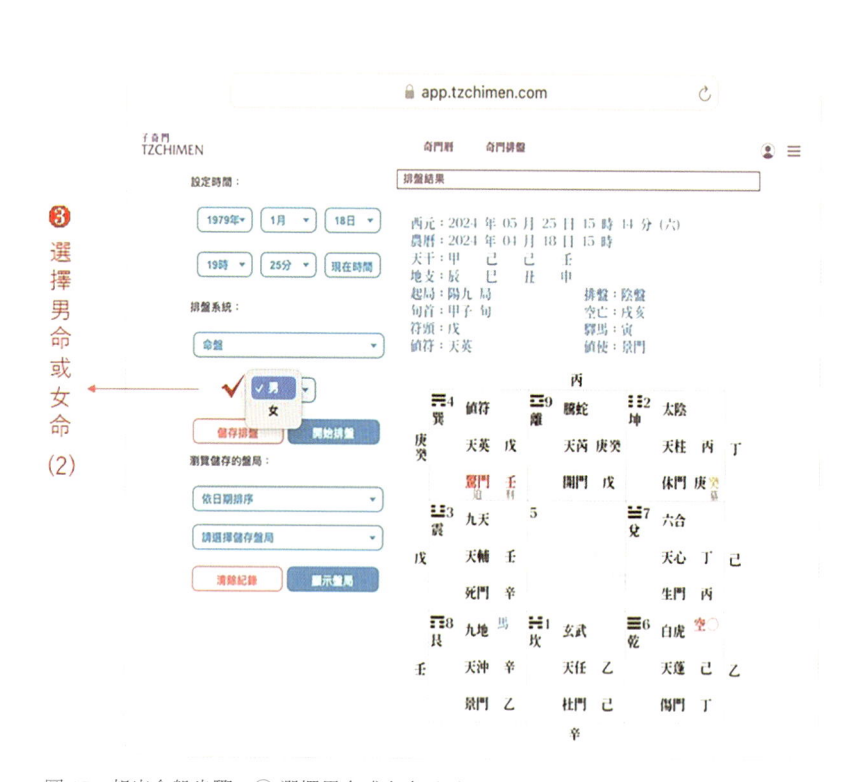

圖 17：起出命盤步驟：③ 選擇男命或女命（2）。

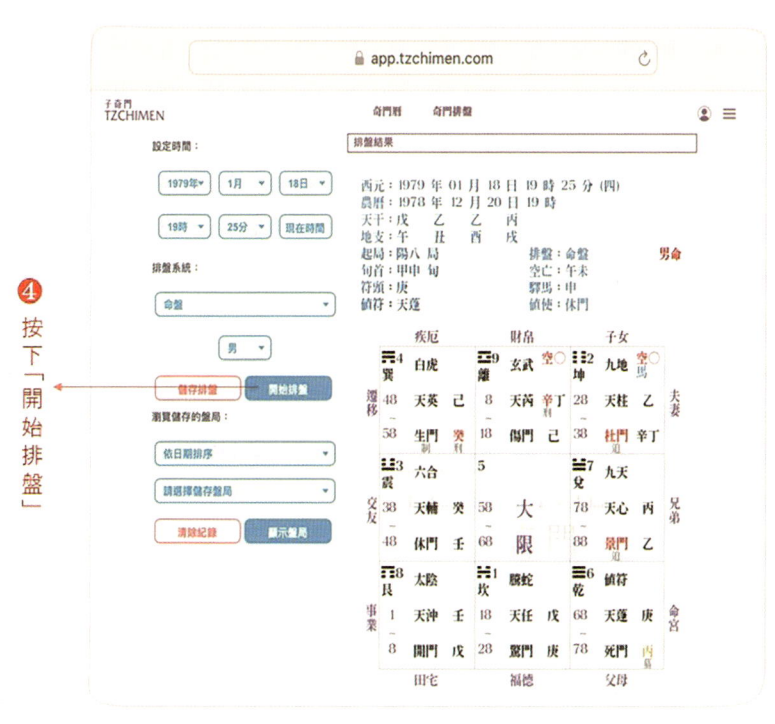

4. 最後，按下「開始排盤」的按鍵，如圖18，就完成了奇門遁甲命盤的排盤！

❹ 按下「開始排盤」

圖18：起出命盤步驟：④ 按下「開始排盤」。

第 2 堂課　介紹奇門命盤

子奇老師所開發的「奇門排盤 線上服務」，如果有興趣購買訂閱的讀者，可自行上網刷卡購買，或洽詢台北市「心語顧問」：

✦ 聯絡電話：**(02) 27775716**
✦ 電子信箱：**echostudio@gmail.com**
✦ LINE官方帳號：**https://page.line.me/?accountId=shinyu.tw**

〔方式二〕使用網路資源起出奇門盤（時家置閏轉盤法）

網址：https://paipan.china95.net/QiMen.htm

推薦一款由「元亨利貞網」製作的免費線上奇門排盤程式。

連上網址後，起盤畫面如圖19所示。

- 預測日期：輸入「出生時間」。
- 奇門類型：選擇「時家」。
- 時家排盤：選擇「轉盤法」。
- 時家起局：選擇「置閏法」。

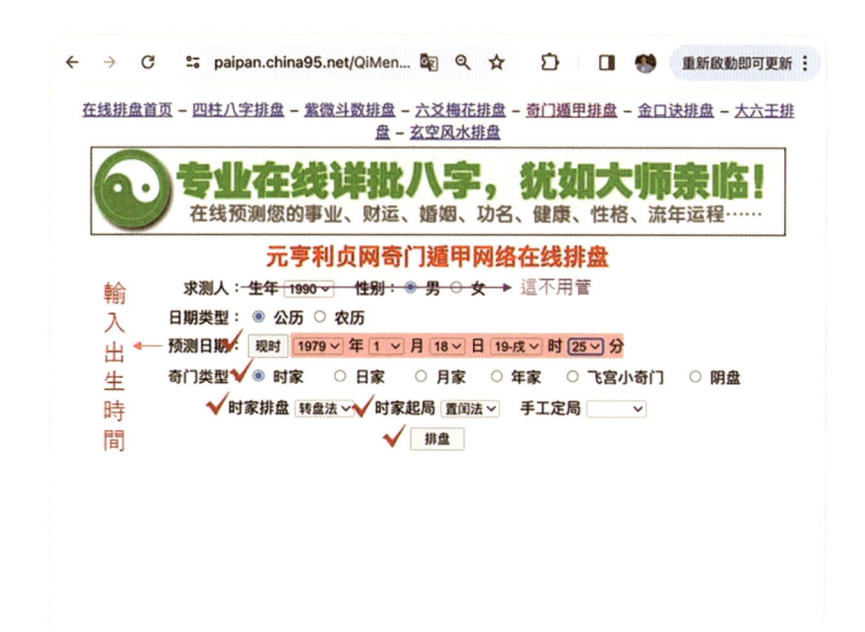

圖19：元亨利貞網線上奇門排盤程式。

設置好參數後，按下「排盤」按鍵，就完成排盤的初步工作了！

【步驟二】排「人事十二宮」

奇門命盤與傳統的預測盤，其中最大的不同，就是多了「人事十二宮」。這十二個宮位描繪了這一生你與你最在乎的人之間的人際關係，彼此之間關係是否和諧、性格是否相投、緣分的淺薄深厚，以及你最在乎的生活領域的發揮表現，運勢吉凶，得失成敗。所以我們接下來要在上面的奇門盤上，排出這十二個宮位：

1. 安十二地支：從坎1宮「順時針」安十二地支

● 首先將奇門盤安上十二地支。

● 十二地支順序為：子、丑、寅、卯、辰、巳、午、未、申、酉、戌、亥。

● 從坎1宮開始順排十二地支。

坎1宮地支為「子」，艮8宮地支為「丑」及「寅」，震3宮地支為「卯」，巽4宮地支為「辰」及「巳」，離9宮地支為「午」，坤2宮地支為「未」及「申」，兌7宮地支為「酉」，最後乾6宮地支為「戌」及「亥」，如圖20所示。

2. 排人事十二宮：依出生時辰定命宮，「逆時針」排十二人事宮位

● 根據出生時辰的地支，找出奇門盤裡對應地支的宮位。

● 例如出生時間是一九七九年一月十八日十九時二十五分，奇門盤顯示其出生時辰是「戌時」，戌時所在宮位即是命宮。接著，根據十二宮位的順序，每一地支對應一個人事十二宮，依續排入奇門盤，如圖21所示。

人事十二宮位順序：命宮、兄弟宮、夫妻宮、子女宮、財帛宮、疾厄宮、遷移宮、交友宮、事業宮、田宅宮、福德宮、父母宮。

從坎 1 宮順時針安入 12 地支

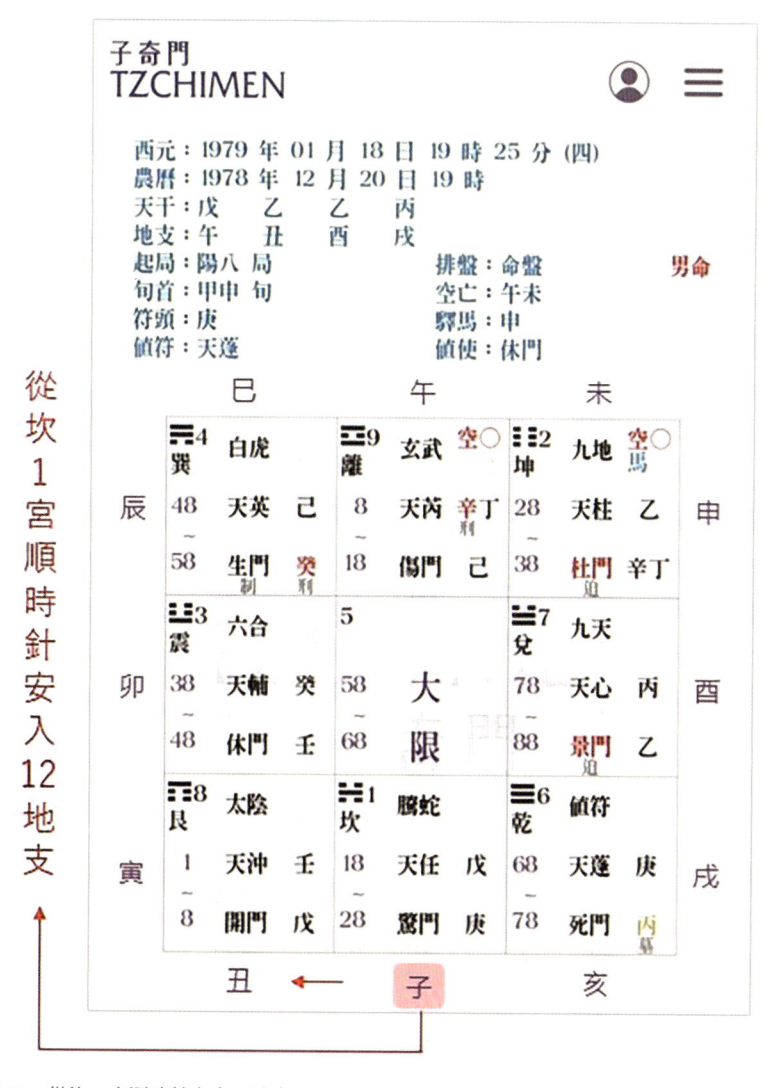

```
子奇門
TZCHIMEN

西元：1979 年 01 月 18 日 19 時 25 分 (四)
農曆：1978 年 12 月 20 日 19 時
天干：戊 乙 乙 丙
地支：午 丑 酉 戌
起局：陽八局          排盤：命盤          男命
旬首：甲申旬          空亡：午未
符頭：庚              驛馬：申
值符：天蓬            值使：休門
```

	巳	午	未	
辰	☴4 巽 白虎 48~58 天英 己 生門 癸	☲9 離 玄武 空○ 8~18 天芮 辛丁 傷門 己	☷2 坤 九地 空馬 28~38 天柱 乙 杜門 辛丁	申
卯	☳3 震 六合 38~48 天輔 癸 休門 壬	5 58~68 大限	☱7 兌 九天 78~88 天心 丙 景門 乙	酉
寅	☶8 艮 太陰 1~8 天沖 壬 開門 戊	☵1 坎 螣蛇 18~28 天任 戊 驚門 庚	☰6 乾 值符 68~78 天蓬 庚 死門 丙	戌
	丑 ←	子	亥	

圖 20：從坎 1 宮順時針安十二地支。

第 2 堂課　介紹奇門命盤

子奇門
TZCHIMEN

西元：1979 年 01 月 18 日 19 時 25 分（四）
農曆：1978 年 12 月 20 日 19 時
天干：戊　乙　乙　丙
地支：午　丑　酉　戌
起局：陽八局　　　排盤：命盤　　　　　　男命
旬首：甲申旬　　　空亡：午未
符頭：庚　　　　　驛馬：申
值符：天蓬　　　　值使：休門

	疾厄	財帛	子女	
遷移	☴4 巽　白虎 48 ~ 58　天英　己 　　　生門　癸 　　　　剋　　剋	☲9 離　玄武　空○ 8 ~ 18　天芮　辛丁 　　　傷門　己　剋	☷2 坤　九地　空○馬 28 ~ 38　天柱　乙 　　　杜門　辛丁 　　　　迫	夫妻
	☳3 震　六合 38 ~ 48　天輔　癸 　　　休門　壬	5 58 ~ 68　大限	☱7 兌　九天 78 ~ 88　天心　丙 　　　景門　乙 　　　　迫	兄弟
交友	☶8 艮　太陰 1 ~ 8　天沖　壬 　　　開門　戊	☵1 坎　螣蛇 18 ~ 28　天任　戊 　　　驚門　庚	☰6 乾　值符 68 ~ 78　天蓬　庚 　　　死門　丙 　　　　內墓	命宮（戌）
事業	田宅	福德	父母	

從出生時辰戌時起，逆時針排人事12宮

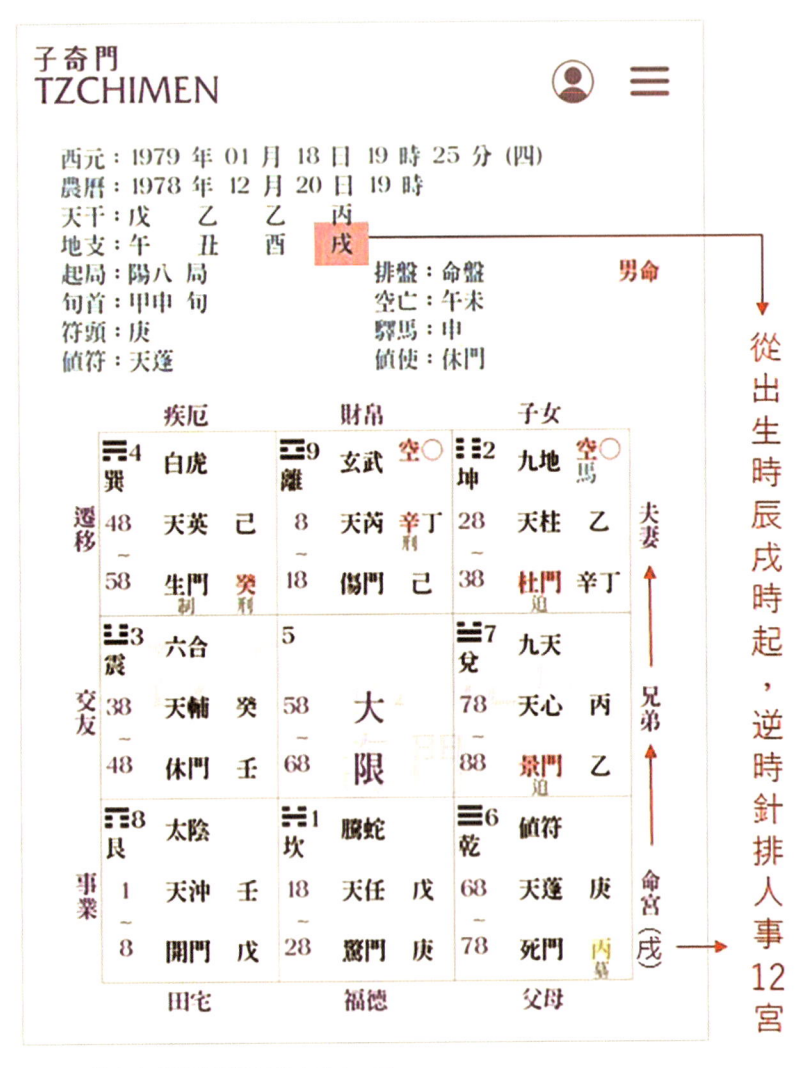

圖 21：從出生時辰起逆時針排人事十二宮。

【步驟三】排「大限」

奇門命盤與傳統的預測盤，第二個不同就是多了「大限」。奇門命盤有九個方格子，每個格子也稱為宮位。整張奇門盤為一張九宮格，每個宮位中所顯示的1～8、8～18、18～28……這些數字段就是不同的十年大限。宮位裡標示的一組數字例如38～48，代表你在三十八到四十八歲這十年大限的運勢（以虛歲來看）。

人事十二宮位象徵空間，主人事因緣的際遇分合，代表會遇上什麼人、發生什麼事；而九個大限宮位象徵時間，主運勢能量的波動變化，代表十年的行運、能量模式及運勢的轉變。

奇門遁甲命盤特有的結構就是分陰陽遁局，有陰遁九局及陽遁九局共十八局。要如何確定奇門盤是陰遁還是陽遁？方式很簡單，起局時輸入出生時間，若出生的時間在冬至以後就是為陽遁局，若在夏至以後的為陰遁局。

1. 根據奇門的方法很簡單：
   根據輸入的局數起出奇門命盤。排盤程式會在奇門盤上方顯示局數，如

圖22所示。局數是幾，就在第幾宮起第一大限；第一大限的時間就從一歲行運到宮位數的歲數。

2. 然後由第一大限起，根據宮位數的順序，男命：陽順陰逆；女命：陰順陽逆，依次往後加十年，排完九宮。

例如，圖23是陽八局，為陽男，則從艮8宮起第一大限，艮8宮1～8歲為第一大限，離9宮8～18歲為第二大限，坎1宮18～28歲為第三大限，坤2宮28～38歲為第四大限，震3宮38～48歲為第五大限，巽4宮48～58歲為第六大限，中5宮58～68歲為第七大限，乾6宮68～78歲為第八大限，7宮78～88歲為第九大限。

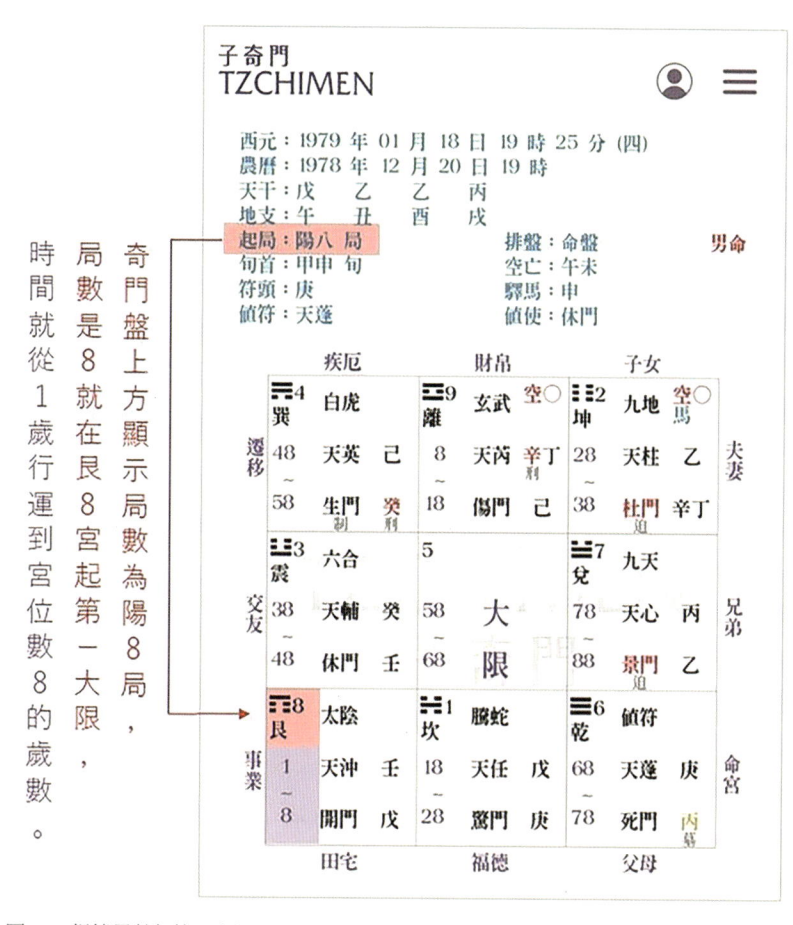

奇門盤上方顯示局數為陽8局，局數是8就在艮8宮起第一大限，時間就從1歲行運到宮位數8的歲數。

子奇門
TZCHIMEN

西元：1979 年 01 月 18 日 19 時 25 分 (四)
農曆：1978 年 12 月 20 日 19 時
天干：戊　乙　乙　丙
地支：午　丑　酉　戌
起局：陽八局　　　　　排盤：命盤　　　　男命
句首：甲申句　　　　　空亡：午未
符頭：庚　　　　　　　驛馬：申
值符：天蓬　　　　　　值使：休門

	疾厄		財帛		子女	
遷移	☴4 巽 48~58	白虎 天英 己 生門 癸	☲9 離 8~18	玄武 天芮 辛丁 傷門 己	☷2 坤 28~38	九地 空○馬 天柱 乙 杜門 辛丁	夫妻
交友	☳3 震 38~48	六合 天輔 癸 休門 壬	5	大限	☱7 兌 78~88	九天 天心 丙 景門 乙	兄弟
事業	☶8 艮 1~8	太陰 天沖 壬 開門 戊	☵1 坎 18~28	騰蛇 天任 戊 驚門 庚	☰6 乾 68~78	值符 天蓬 庚 死門 丙	命宮
	田宅		福德		父母	

圖 22：根據局數起第一大限。

子奇門 TZCHIMEN

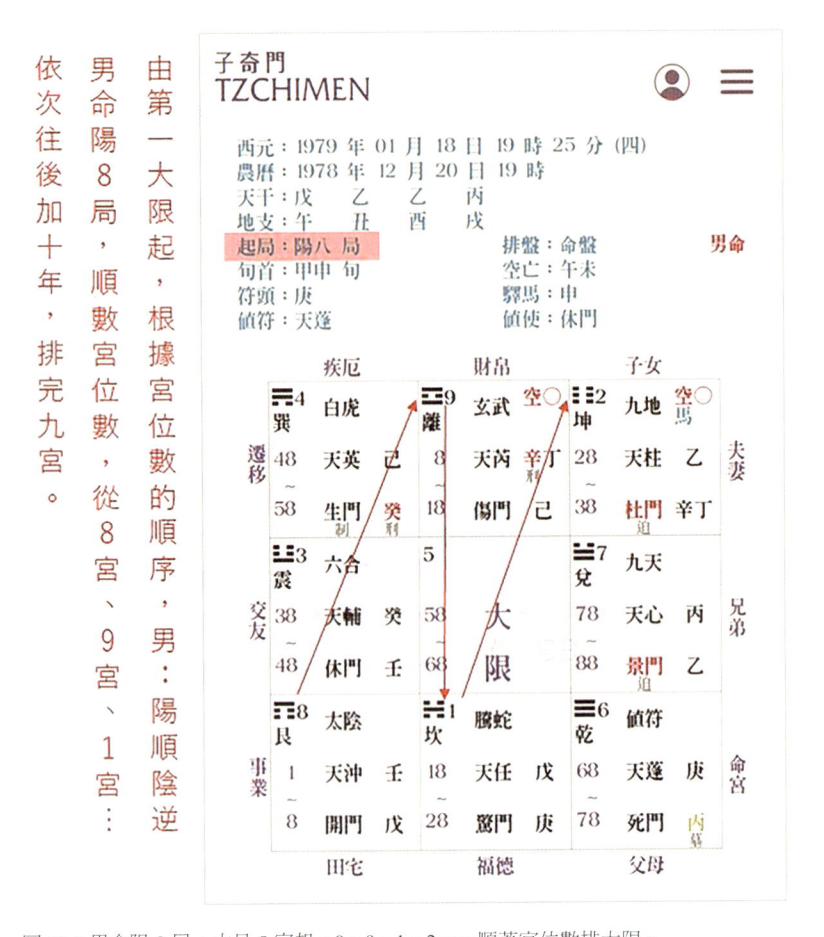

西元：1979 年 01 月 18 日 19 時 25 分（四）
農曆：1978 年 12 月 20 日 19 時
天干：戊　乙　乙　丙
地支：午　丑　酉　戌
起局：陽八局　　　　排盤：命盤　　　　男命
句首：甲申旬　　　　空亡：午未
符頭：庚　　　　　　驛馬：申
值符：天蓬　　　　　值使：休門

疾厄	財帛	子女
☴4 白虎 遷移　48～58　天英　己 生門　癸劍	☲9 玄武　空○ 8～18　天芮　辛丁 傷門　己	☷2 九地　空○馬 28～38　天柱　乙 杜門迫　辛丁　夫妻
☳3 六合 交友　38～48　天輔　癸 休門　壬	5 58～68 大限	☱7 九天 78～88　天心　丙 景門迫　乙　兄弟
☶8 太陰 事業　1～8　天沖　壬 開門　戊	☵1 螣蛇 18～28　天任　戊 驚門　庚	☰6 值符 68～78　天蓬　庚 死門　丙墓　命宮　父母
田宅	福德	父母

圖 23：男命陽 8 局，由艮 8 宮起，8、9、1、2……順著宮位數排大限。

由第一大限起，根據宮位數的順序，男：陽順陰逆，男命陽 8 局，順數宮位數，從 8 宮、9 宮、1 宮……依次往後加十年，排完九宮。

第二節 認識奇門命盤

一張完整的奇門命盤包含四大部分：「出生時間」、十二個「人事宮位」、宮位內的「奇門符號」及「大限」（十年為一大限），如圖24所示。

這張奇門命盤就是你此生的生命藍圖，勾勒你這一生人事方面的際遇，也就是你此生會遇到什麼人、發生什麼事，你與這些人事之間的緣起緣滅，對待往來，吉凶禍福。

奇門命盤十二個人事宮位與紫微斗數完全對應，包含六個有關「事」的生活領域：財帛、疾厄、遷移、事業、田宅與福德，以及六個有關「人」的人際關係：命宮、父母、兄弟、夫妻、子女、交友。

每個宮位既包含空間（人事）也包含時間（大限）。宮位裡的符號描述了你會遇到什麼樣的人，是好人還是壞人（人的宮位），發生什麼樣的事，是吉還是凶（事的宮位），在什麼時間（大限），這些都以奇門符號來顯示。

一個宮位裡的符號主要有五大類符號：「干」、「神」、「星」、「門」、「卦」。

干有十個，稱為十天干；上面為天盤天干，下面為地盤天干。

神有八個，稱為八神；星有九個，稱為九星，但只會用到八個；門有八個，稱為

第 2 堂課　介紹奇門命盤

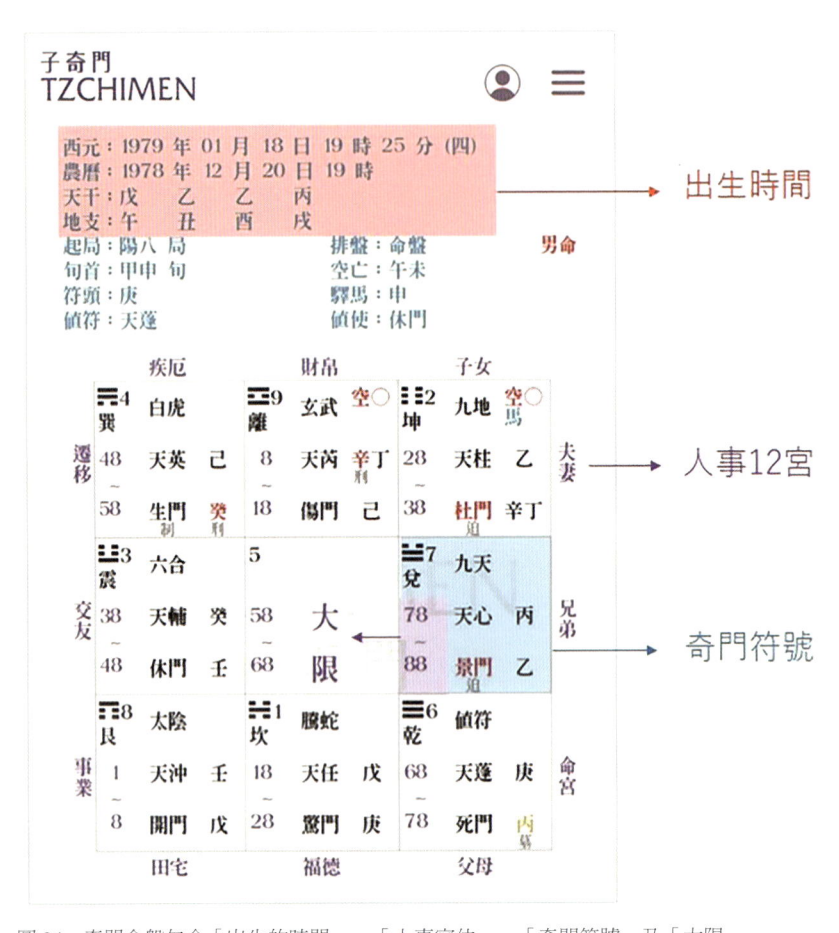

子奇門 TZCHIMEN

西元：1979 年 01 月 18 日 19 時 25 分 (四)
農曆：1978 年 12 月 20 日 19 時
天干：戊　乙　乙　丙
地支：午　丑　酉　戌

起局：陽八局　　　　排盤：命盤　　　男命
旬首：甲申旬　　　　空亡：午未
符頭：庚　　　　　　驛馬：申
值符：天蓬　　　　　值使：休門

	疾厄		財帛		子女	
☴4 巽 遷移	白虎 天英 生門	己 癸剋	☲9 離	玄武 天芮 傷門	空○ 辛丁刑 己	☷2 坤	九地 天柱 杜門	空○馬 乙 辛丁剋	夫妻
	48~58		8~18		28~38	
☳3 震 交友	六合 天輔 休門	癸 壬	5 大限		☱7 兌	九天 天心 景門	丙 乙剋	兄弟
	38~48		58~68		78~88	
☶8 艮 事業	太陰 天沖 開門	壬 戊	☵1 坎	騰蛇 天任 驚門	戊 庚	☰6 乾	值符 天蓬 死門	庚 丙墓	命宮
	1~8		18~28		68~78	
	田宅		福德		父母	

→ 出生時間

→ 人事12宮

→ 奇門符號

圖 24：奇門命盤包含「出生的時間」、「人事宮位」、「奇門符號」及「大限」。

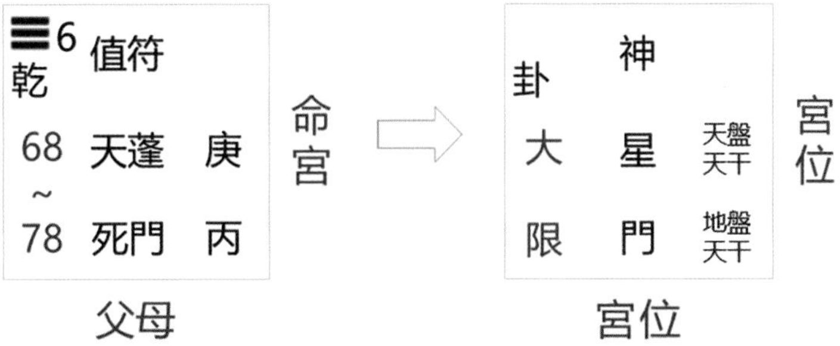

圖25：奇門宮位符號包含五大類符號：「干」、「神」、「星」、「門」、「卦」。

八門；卦有八個，稱為八卦，如圖25所示。

一、人事十二宮（空間，代表人際關係及生活領域）

奇門遁甲命盤將人的命運吉凶、人事與命主本人的關係，歸納為十二大類，六人六事，稱為人事十二宮。十二宮的名稱就代表相應的六親、六個有關人的宮位，例如父母宮代表父母、兄弟宮代表兄弟等；以及六個有關於事的宮位，例如事業宮代表工作事業，財帛宮代表財運財富等。

也就是說，奇門遁甲的命盤會先根據人的出生年月日時，將十二個宮位的位置排定，接著依照排盤公式，將各奇門符號推算出在那一宮，便知某宮有些什麼奇門符號，接著據之以論斷吉凶，以及各種人事變化。

所謂十二宮，就是：命宮（人）、兄弟宮（人）、夫妻宮（人）、子女宮（人）、財帛宮（事）、疾厄宮（事）、遷移宮（事）、交友宮（人）、事業宮（事）、田宅宮（事）、福德宮（事）、父母宮（人）。

命宮：為人的容貌、性格、才能，以及一生的成敗關鍵，以及對父母、子女、夫妻、兄弟、朋友間的關係。

父母宮：為父母對自己的影響，有無益蔭，抑或反而有損；父母與自己的感情如何，以至於父母方面的親友對自己的影響。

兄弟宮：為兄弟姊妹與自己的關係，有助力或無助力，抑或甚至對自己有害；感情厚薄親疏如何，以至於兄弟姊妹方面的朋友對自己的影響。

夫妻宮：表示夫妻間的關係是否和諧，性格是否相投，以及有無生離死別的情況。

子女宮：主要表示生殖力的強弱，以及子女與自己的緣分厚薄。

財帛宮：主財富多寡，易得抑或難得，善於理財還是不善於理財；其人喜正道求財，抑或專喜發橫財等對財富的態度。

疾厄宮：主人的體魄特徵、易患何種病患。

遷移宮：主人的活動能力強弱。

交友宮：主自己與部屬之間的關係，服眾或不服眾。

事業宮：主自己與上司及事業夥伴間的關係，以及適宜從事何種職業。

福德宮：表示生活享受的品味，以及物質生活的優劣。

田宅宮：表示置產的能力。

二、奇門符號（決定人事運勢吉凶）

【解讀方式一】以「人」的角度來解讀符號：

把每個宮位當「人」看，我們可以藉由奇門符號了解或看透這個人是什麼樣的人。奇門符號可以更進一步地將一個人拆解成五個部分，也就是：「干」、「神」、「星」、「門」、「卦」。

① 干（天盤天干與地盤天干）

「天盤天干與地盤天干」就好像西方占星盤裡的太陽星座與月亮星座，分別代表外表、顯性的個性，與內心、隱性的想法。例如一個女孩，她命宮裡的天盤天干是「乙」，地盤天干是「庚」，記作「乙+庚」，天盤天干乙，五行為陰木，陰為柔順；陰木好比藤蔓植物譬如葡萄藤，象徵女人的柔順依附。初識時，此女無論是外在條件或個性都好相處，配合度也高，但其實相處久了，就會發現她內心有其剛強獨立的一面。因為地盤天干為庚，五行為陽金，陽為剛強，金為硬，也有逆勢的一面，象徵男人的剛硬，脾氣硬，不服輸，不怕跟你來硬的，有其獨立堅持的一面，可稱之為「鏗鏘玫瑰」。

所謂十天干，是甲、乙、丙、丁、戊、己、庚、辛、壬、癸。

② 神

「神」代表一個人骨子裡與生俱來、一輩子很難改變的天性、觀念、想法、信念與價值觀。

例如，八神為「值符」，值符代表值符掌令、掌權的，喜歡「管」、喜歡主導，象徵權威。如果你的父母宮位裡有值符，那你的父母可能傾向採取權威式地管理家庭；喜歡主導，發號施令，指點學涯方向、如何選擇伴侶，以及家中財務大小事，都由他一手管理、掌權、安排。

像最近流行世界各地、風靡台日韓的 MBTI 十六型人格檢測，值符人格的人，其 MBTI 十六型人格，就類似於 ENTJ 指揮官型。

> **史蒂夫・賈柏斯（ENTJ 指揮官型）**
>
> 指揮官（ENTJ）是天生的領導者。具有這種個性類型的人，體現了魅力和自信的天賦，偏好用某種方式展現權威，將人群聚集在一個共同的目標下。但指揮官的特徵通常包括殘酷的理性，他們利用自己的動力、決心和敏銳的頭腦來實現自己，為自己設定的目標。

③ 星

「星」代表一個人的個性、情緒與能量。

例如，九星為「天蓬星」，天蓬星代表這個人的個性膽大、喜冒險、敢拼敢搏，有賭徒心態的性格，不顧後果。如果你的子女宮裡有天蓬星，那你的小孩可能傾向這樣的性格。反之如果你的子女宮裡有「天輔星」，天輔星代表文人，個性比較斯文優雅，有文藝氣息、有愛心，喜助人，不喜強出頭。

以MBTI十六型人格來比擬，有天輔星人格的人，他的MBTI十六型人格，就傾向於INFP的調停者／療癒師型。

> **奧黛麗・赫本（INFP 調停者／療癒師型）**
>
> 調停者／療癒師（INFP）看起來很安靜或謙虛，但他們的內心生活充滿活力、充滿激情。他們富有創造力和想像力，快樂地迷失在白日夢中，在腦海中編造各種故事和對話。這些人的個性以其敏感性而聞名——調停者／療癒師可

所謂八神，是值符（吉神）、騰蛇（凶神）、太陰（吉神）、六合（吉神）、白虎（凶神）、玄武（凶神）、九地（中性）、九天（吉神）。

以對音樂、藝術、自然和周圍的人產生深刻的情感反應，具理想主義又善解人意，渴望建立深而厚的感情關係，並覺得自己有責任幫助他人。

所謂九星，是天蓬星（凶星）、天芮星（凶星）、天沖星（吉星）、天輔星（吉星）、天禽星（不用）、天心星（吉星）、天柱星（凶星）、天任星（吉星）、天英星（凶星）。

④ 門

「門」代表一個人的狀態，也包括他對外與人交往或對一件事，是抱持著怎樣的心情、態度或行為。

例如，八門為「死門」，死門代表這個人對人或事都保持著比較保守與固執的心態，容易執著，在想法和行為上不容易改變；門沒打開，固守，也容易對一個人死心塌地，但對一件事堅持，有毅力。反之如果是「開門」，開門對人或事比較是抱持著思想開放，且開明的態度（open minded），也具有開創精神，個性較樂觀正面，容易接納別人的意見，勇於積極開創，接受挑戰。

所謂八門，是休門（吉門）、生門（吉門）、傷門（凶門）、杜門（凶門）、景門

（吉門）、死門（凶門）、驚門（凶門）、開門（吉門）。

⑤ 卦

「卦」象徵地利，八卦主要影響一個人所處的環境，是否有助於宮位內奇門符號的發揮及作用，還是受制或遭受奇門符號的破壞，而影響到其他奇門符號能量的表現。

八卦代表一個人成長時所處的生長環境，生長在良好或是對的門符號或一個人的發揮表現；反之則處處受制，甚或破壞發揮。八卦象徵地利，什麼是地利呢？所謂地利，就好比將一棵樹種於一方土地，在對的土地、環境下，有充足的陽光、空氣和水，這棵樹就能獲得充分的養分，受環境滋養，順利地茁壯長大；反之，如果在不對的土地或環境下，例如種在貧瘠或不適宜的地方，甚至還遭受大量蛀鳥的破壞，不僅不能順利成長，甚至連活都活不了。

這棵樹就像是一個人，而這方土地就像一個家庭。一個人若能成長在好的家庭、有好的資源培養他，思想上就比較容易觀念正確、樂觀向上，情緒穩定，正面積極，奮發主動，勇於挑戰。反之，一個人若是成長在不好的、負面的家庭環境，缺乏資源培養，那他的思想觀念也較容易偏差、悲觀沉淪，情緒不穩定，行動卻步被動，消極退縮。

所謂八卦，是坎1卦、坤2卦、震3卦、巽4卦、乾6卦、兌7卦、艮8卦、離9卦。

【解讀方式二】以「事」的角度來解讀符號：

把一個宮位當「事」看，我們可以藉由奇門符號深入了解這個生活領域的運勢吉凶，成功或失敗的關鍵因素是如何影響吉凶。奇門符號將影響運勢成敗的因素歸類為五大類：格局、神助、天時、人和與地利。

① 格局（由天盤天干與地盤天干組成）

「格局」象徵局勢的發展，由「天盤天干與地盤天干」組合成九九八十一個格局，代表事情可能的發展及局勢。

奇門遁甲，既稱之為遁甲，十天干裡就見不著甲，甲遁起來了，所以只用九天干，而九個天盤天干與九個地盤天干剛好可以組合成八十一個組合；每一個組合在奇門遁甲裡有專門的稱呼，稱之為「格局」。好比易經的卦有八卦，八個上卦與八個下卦可以組成八八六十四卦，只是奇門用的是天干的組合。

這九九八十一格，可以將事情的發展及局勢分成八十一種類型的格局。

例如宮位裡的天盤天干為乙，地盤天干為辛，乙在奇門遁甲裡稱為「青龍」，五行為陰木（乙的符號橫躺下來，看起來像不像一條龍？）；如果遇到地盤天干為辛，五行為陰金，五行金是剋木的，尤其是陽剋陽或陰剋陰時，同性相剋，勢必剋盡，為沖剋。乙碰到辛「乙＋辛」，在奇門格局的名稱，叫作「青龍逃走」，因乙被辛沖剋，乙就被迫只好走人了、得逃了，所以「乙＋辛」格局名稱叫「青龍逃走」。

如果官祿宮裡逢「乙＋辛」，為凶格，就代表工作不穩定，犯衝突、或被裁員、被迫離職，想離開；如果夫妻宮裡逢「乙＋辛」，就代表夫妻之間犯矛盾，容易有衝突，意見不一，嚴重時甚至離家出走，或容易鬧分離。

那麼這件事情有沒有其他的變化，就還得得參看宮位裡的星門神。若是凶的格局，可能事情往壞的方向發展，但遇到吉星、吉門或吉神，則還有救；反之，遇到凶星凶門凶神，那就凶上加凶。而若是吉的格局，可能事情往好的方向發展，遇到吉星吉門或吉神，則好上加好；反之，遇到凶星凶門凶神，那吉事不成，甚至反為凶。

② 神

「神」象徵神助，八神主要影響做事時的助力或阻力，有好的助力為稱之為神助，不好的阻力為稱之為煞阻。

八神代表在做事時是否會有無形的助力或阻力。若宮位裡有吉神，代表做事將有如神助，是一種無形的庇祐或助力，能在辦事時助你一把，或遇難呈祥；相反的，若是凶神，則做事中途可能遭遇驚變，或遇小人扯後腿、敵人打擊，是一種無形的阻力或災難，讓你做事難度增加，或辦不成事。

神高於人，神的力量大於人，象徵著貴人、小人或敵人。例如在官祿宮（事業宮）裡有吉神，就像是你的上司或老闆幫你、助你，甚至提拔你，並對你特別照顧，那就是你的貴人，當然官運亨通，仕途順遂。相反的，有權勢的人不幫你還反過頭來陷害、惡整，甚至與你為敵，阻礙你、破壞你，官運自然不好，為凶。又例如創業，有岳父或親友出錢資助，為你介紹人脈，幫你撮合，自然容易成功，事半功倍。人雖然自己要努力，但也要有貴人提拔，更易成功，這就稱之為神助。

③ 星

「星」象徵天時，九星主要會影響一件事的發展性質，有大的、好的發展性為吉星，有侷限性或破壞性為凶星。

九星主要會影響一件事的發展性，如果代表這件事的宮位裡的九星是一顆吉星，則這時去辦事可得天時，也就是趕上現在的潮流，會有好的發展趨勢；恭逢其時，是

吉事，當然可以去做。相反的，如果遇到的是凶星，代表這時去辦這件事將不得天時，發展有其侷限、受阻礙，甚至會出現問題，有破壞性，是凶事或事難辦成。

④ 門

「門」象徵人和，八門主要會影響一件事的狀態，以及是否得人和。若狀態有利、得人和為吉門；若狀態不利、不得人和為凶門，八門也具體地代表它是什麼事或會發生什麼事。

顧名思義，門也代表門戶、門路，和做事的方式或途徑。遇吉門則代表該事的狀態佳、得人和、得到多方助力，做事時有門路，有途徑，方法正確，事事便能順利發展，暢行無阻，事半功倍，會發生好事；遇凶門則代表該事的狀態不佳，不得人和，做事時不得其門而入，沒有途徑，找不到路或方法不正確，做事窒礙難行，阻力大，事倍功半，會發生壞事。

⑤ 卦

「卦」象徵地利，八卦主要影響做一件事時所處的平台、媒介及環境，是否有助

三、十年大限（時間，幾歲到幾歲）

奇門命盤看運勢就是看行運，所謂行運，就是十年大限和一年流年所反映的能量波動。何謂大限？大限指的是十年行運，在這十年中的運勢轉變，代表著你這十年內的能量模式，可作為長期生涯規劃的重要參考。論斷大限的重點是要了解及掌握：你的機會在哪裡？要避免哪些障礙？掌握先機，讓你在未來的十年中更好地把握機會，避開陷阱，趨吉避凶。

大限以十年為單位，每十年就會移到下一個宮位，而每個人計算大限的起始歲數並不相同，以虛歲為主（出生當年即算一歲）。奇門命盤分為九個宮位，每個宮位中所顯示的1~8、8~18、18~28……這些數字段就是不同的十年大限。就拿圖26這個命盤來看，如果是一九七九年一月十八日丑月戌時出生的人，假設現在二○二四年農曆三月，虛歲即等於四十七歲，十年大限就落在交友宮，若要看三十八~四十八歲十年的能量運勢起伏，就看這個宮位。

子奇門 TZCHIMEN

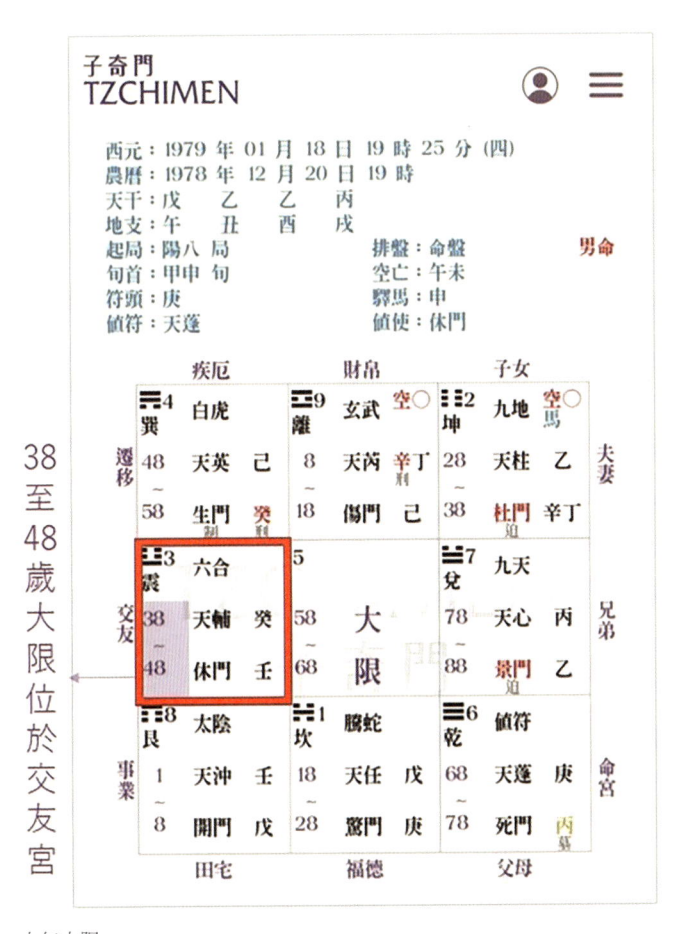

西元：1979 年 01 月 18 日 19 時 25 分 (四)
農曆：1978 年 12 月 20 日 19 時
天干：戊　乙　乙　丙
地支：午　丑　酉　戌
起局：陽八局　　　　排盤：命盤　　　　男命
旬首：甲申旬　　　　空亡：午未
符頭：庚　　　　　　驛馬：申
值符：天蓬　　　　　值使：休門

疾厄	財帛	子女
☴4 巽 白虎 遷移 48~58 天英 己 生門 癸	☲9 離 玄武 空○ 天芮 辛丁 8~18 傷門 己	☷2 坤 九地 空○馬 天柱 乙 28~38 杜門 辛丁 夫妻
☳3 震 六合 交友 **38~48 天輔 癸 休門 壬**	5 大 限	☱7 兌 九天 天心 丙 78~88 景門 乙 兄弟
☶8 艮 太陰 事業 1~8 天沖 壬 開門 戊	☵1 坎 螣蛇 18~28 天任 戊 驚門 庚	☰6 乾 值符 68~78 天蓬 庚 死門 丙墓 命宮
田宅	福德	父母

38至48歲大限位於交友宮

圖 26：十年大限。

虛歲怎麼算？

虛歲是利用農曆生日來判斷，大部分的人虛歲會比實歲多一歲，但有些人虛歲卻會比實歲多兩歲，因為正確的虛歲計算方式，在出生的時候就已經算一歲，不管小嬰兒的實歲是幾個月或是幾天，都算一歲，且因為虛歲是根據農曆過年來增加一歲，所以當一過完農曆年就馬上要加一歲。有的人因為出生在農曆的年尾，在國曆看起來已經是隔年的一月或二月，一直到實歲真正滿一歲時，其實虛歲已經是三歲了，所以就變成虛歲比實歲多兩歲，這也是我們常常會聽到的：年尾小孩，虛歲會多兩歲。

算命是為了更好的人生規劃，而大限是每十年變化一次，測算一生大限的運勢起伏，可以讓你預先知道未來的際遇與變化，更好地為自己設立長期目標，制訂長遠的計劃，讓你的人生一路順遂、得機得勢。

第三節 如何解讀奇門命盤——了解生命中人際與生活領域的重要主軸

解讀宮位最核心的關鍵技巧與心態

《奇門遁甲》古書上有一句話：「不懂主客，不懂奇門！」

奇門遁甲源於兵法，兩軍對戰時，好比球賽競賽，我方稱為主隊，對方稱為客隊，主客其實就是陰陽、體用、宮星。

解讀奇門命盤時，「宮位」為主體、為本體、為太極點，就是你正在觀察、亟欲知道的目標對象或領域；「奇門符號」為客體、為星體，決定該對象或領域所象徵人事的吉凶、運勢的好壞。宮位為名詞、是中性的；奇門符號則是形容詞，用來修飾、補充宮位裡象徵人事的吉凶及運勢好壞。

例如事業宮，象徵工作運勢的吉凶好壞，我們可以把事業宮的宮位想像成一個平台、工作的環境，或當成你在一家公司工作；而神星門這些宮位上的奇門符號，把它想像成你的上司、同事及下屬。當你在這家公司工作，你的吉凶運勢好壞，就來自這些工作夥伴是對你產生助力、吉的作用力，還是阻力、凶的作用力。若是助你，

圖27：事業宮上的奇門符號對你產生不好的作用。

就是吉、工作運勢好、事半功倍、仕途順遂；若是阻力，就是凶、工作運勢不好、事倍功半、仕途不順，如圖27所示。

沒有人天天幸運，也沒有人是天天不幸的！如果宮位裡遇到不好的符號，若能轉變看法，不妨把它視為貴人、老師、教練、可敬的對手。他們不僅教你，還天天陪你練功，跟你對練；花他們的時間、精力，能讓你變更強、成為更好的自己，你還不須付任何一毛錢給這些老師、教練、陪打的對手！你看你多幸運，老天對你多好！

借用司馬懿的名言：「我這一路走來，沒有敵人，全是朋友和老師。」那些讓你不舒服的人，其實是來渡你的，讓你成長與改變，讓你變得更強的！司馬懿不像諸葛亮一樣為劉備所重用（官祿宮好），反而歷經曹操、曹丕、曹叡、曹芳四代君主的排擠與打壓（官祿宮極

解讀命盤的步驟

「論命」與「預測」的相同點，就是把握住「陰陽、體用、宮星」這個大原則。

預測占卜是斷一件事，只要根據求測者提問的問題，依據起占時間起奇門盤，並由求測者報一個1～9的數，看報哪個數就鎖定哪個宮位，以宮位為「體」當作求測者問事的問題，接著以宮位裡的符號為「用」為「星」，用它來說明、形容、決定此事的好壞，看符號是吉是凶，便可預測一件事的吉凶成敗，最後再解讀符號含意，便可知其然，亦知其所以然。

例如，求測者問：「朋友找我投資做生意好嗎？」同時報數9，就取「離9宮」

差），最終還僅用一天就奪了曹操的四代家業！一張命盤的吉凶好壞怎麼論、怎麼看，看是誰來論、誰來用，由你說了算。

所以一旦掌握並了解解讀命盤宮位核心的技巧與心態，會分析一個宮位，當然也就會分析十二個人事的宮位。想看什麼，就看其對應的那個宮位，鎖定該宮位象徵的對象（人）及生活領域（事），根據上一節奇門符號「依人」或「依事」的角度去解讀人事吉凶，這樣就可以清楚地了解自己一生命運的藍圖，哪些是對自己有利的人事，哪些是自己此生的課題及挑戰、成長與改變的領域。

為「體」當作求測者問事的問題;接著以「宮位裡的符號」為「星」,用它來說明、形容、決定此事的好壞。宮位內有符號「生門」代表生意求財,但有大凶符號「天蓬星」,天蓬為豬八戒,在紫微斗數裡又名「貪狼星」,個性貪婪、好賭、愛冒風險,不計後果,為破敗之星,代表破財,如圖28。

同理類推,在「解讀命盤」時,入手處就是先鎖定你關心的領域。例如想知道這一生事業工作的整體運勢及主軸,可參看本書的〈第三堂課:奇門命盤宮位的象徵〉,找到命盤裡的「事業宮」,以宮位為「體」。接著根據本書後面第四、五、六、七堂課,分別查找宮位裡的神、星、門、天干符號,以符號為「用」,分別列出符號的象徵與建議,就可以得到這一生事業工作的整體運勢與應對方針。

「論命」與「預測」不同的地方,在於「空間」(十二人事宮位)與「時間」(十年大限)的加入,使得整個論命變得更為複雜和多變。其實,只要把握「陰陽、體用、宮星」這個大原則和分析的底層邏輯,冷靜下來,慢慢地逐個分析宮位,一個一個大限逐次看,只用一套方法邏輯「體用、宮星」,不斷地轉換空間與時間的太極點,就能把這一生人事的生活領域及發生時間、你的生命藍圖完整勾勒出來了。

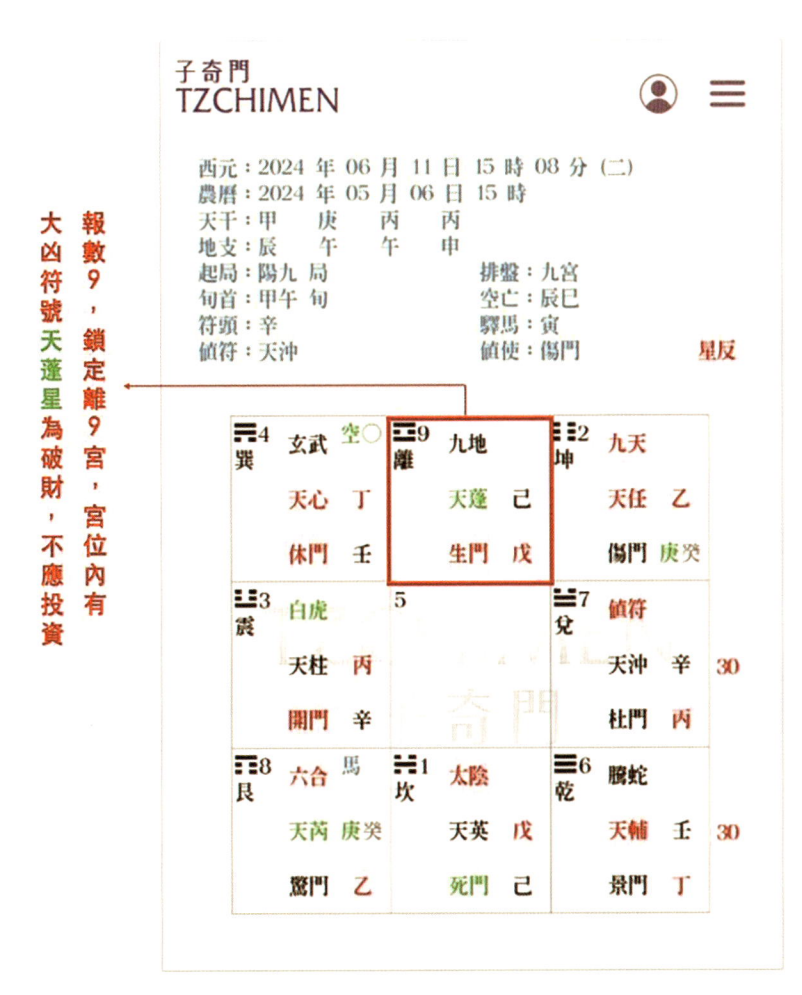

圖 28：預測占卜是斷一件事，由求測者報數鎖宮位，以「宮位裡的符號」來論斷此事的吉凶成敗。

基本上，完整奇門論命流程包含以下六大步驟：

1. 排出奇門命盤。
2. 先看命主一生的整體運勢（命宮），並分析在各個生活領域的運勢及發展。看事業發展、一生財運、夫妻感情相處、身體健康疾病、該留意哪些傷災意外？
3. 接著看問測者在哪個大限或事業上該努力衝刺？在哪個大限投資最有利？在哪個大限會結婚？在哪個大限該特別留意身體健康或可能的傷災意外？
4. 看問測者現在在哪個大限，論何者有利？何者不利？
5. 細分哪個流年好？哪個流年不好？
6. 分析今年、過去兩年、未來兩年流年運勢。

這本書主要著重於「本命盤的解讀與分析」，先帶大家認識奇門遁甲的「命盤」及如何解讀命盤，也就是「第一與第二步驟」。下一本書則會著重於「命盤的推運與流年」，詳解奇門命盤如何推運及推算流年應期，也就是「第三至第六步驟」，兩本書合而為完整的「九宮奇門論命學」。讀者也可先參考本書最後第八堂課，有一個完整本命盤的解讀與分析的實例，可以先對命盤的解讀與分析有個概括性的方向與了解。

第 3 堂課

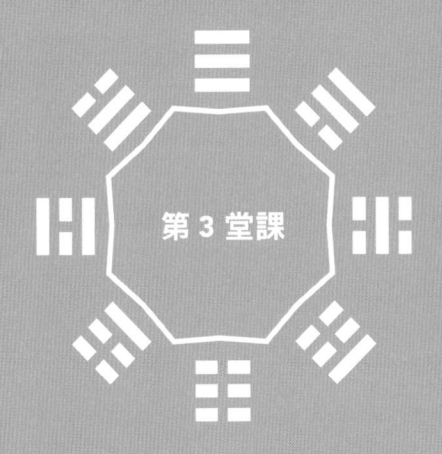

奇門命盤宮位的象徵

第一節 人事十二宮概觀

奇門命盤最重要的元素是十二個「人事宮位」，這人事十二宮定位了這一生你與你最在乎的人之間的人際關係，彼此之間關係是否和諧，性格是否相投，緣分的淺薄深厚，以及你最在乎的生活領域的發揮表現，運勢吉凶，得失成敗。

十二個宮位分為六人六事，稱為人事十二宮。有六個有關人的宮位，例如父母宮代表父母、兄弟宮代表兄弟等；以及六個有關事的宮位，例如事業宮代表工作事業，財帛宮代表財運財富等。

十二個宮位分別是命宮（人）、兄弟宮（人）、夫妻宮（人）、子女宮（人）、財帛宮（事）、疾厄宮（事）、遷移宮（事）、交友宮（人）、事業宮（事）、田宅宮（事）、福德宮（事）、父母宮（人），如圖29。

1. **命宮（人）**：主思考想法，是精神上的我，為太極點。
2. **兄弟宮（人）**：主兄弟姊妹情緣。
3. **夫妻宮（人）**：主配偶，一生的異性情緣。

4. **子女宮（人）**：主子女，晚輩，下屬，學生，寵物。
5. **財帛宮（事）**：主現金緣，花用財，求財行業，賺錢的狀況。
6. **疾厄宮（事）**：主身體，是肉體上的我，疾為疾病，厄為災厄。
7. **遷移宮（事）**：遷徙移動，主驛馬。命主內為我，遷移主外，主社會，為社會對我的評價。
8. **交友宮（人）**：我的人際交往、同事、同學、平輩。
9. **事業宮（事）**：工作，行業，事業發展，也為運氣位。
10. **田宅宮（事）**：收藏宮，家庭、財富的總和，田地家宅。
11. **福德宮（事）**：主靈性，秉性，天賦，福分。乃先天之福，後天之德，也代表興趣，嗜好，享受。
12. **父母宮（人）**：主父母，長輩，上司，師長。

這十二個宮位代表你此生所關心的、會與之糾纏牽扯的人與事。以上是十二個最基本的核心象徵，熟悉掌握每個宮位代表何人何事是學習奇門論命的第一步。

因為奇門命盤是個九宮格，除去中宮不用，周圍只有八個格子，而人事卻有十二類象徵，所以四個角落各配置兩個人事宮位，如圖29右下角的乾宮為父母宮與命宮，

第 3 堂課 | 奇門命盤宮位的象徵

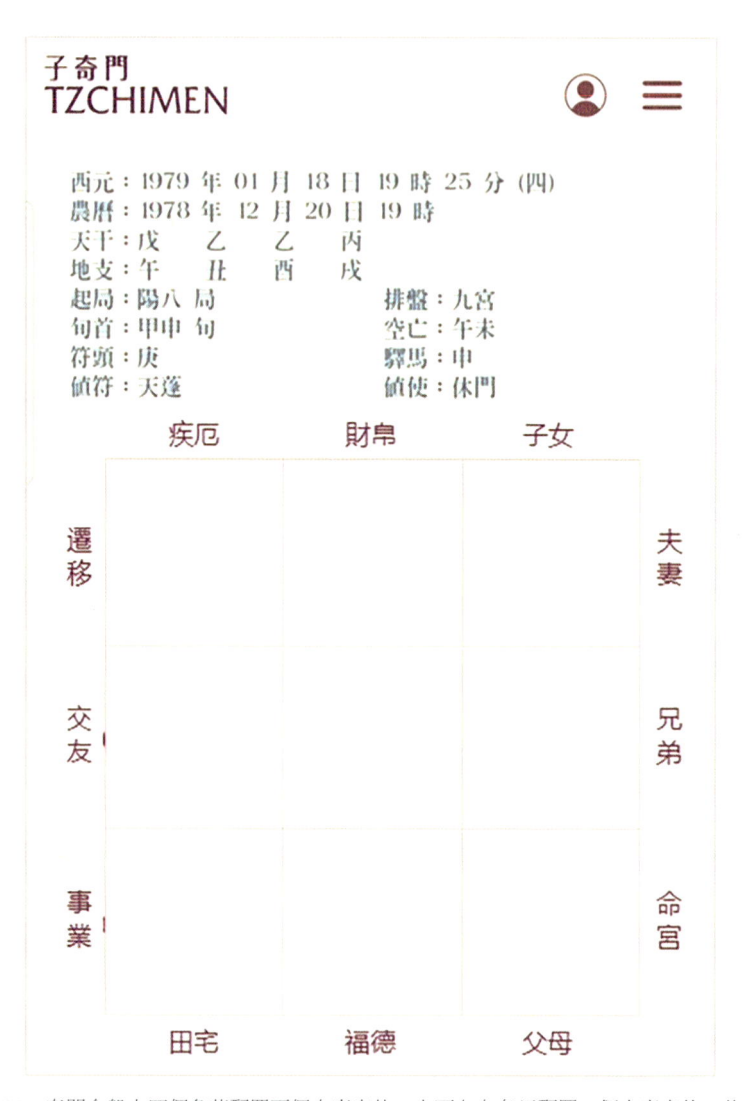

```
子奇門
TZCHIMEN

西元：1979 年 01 月 18 日 19 時 25 分 (四)
農曆：1978 年 12 月 20 日 19 時
天干：戊　乙　乙　丙
地支：午　丑　酉　戌
起局：陽八局　　　　排盤：九宮
旬首：甲申旬　　　　空亡：午未
符頭：庚　　　　　　驛馬：申
值符：天蓬　　　　　值使：休門
```

	疾厄	財帛	子女	
遷移				夫妻
交友				兄弟
事業				命宮
	田宅	福德	父母	

圖 29：奇門命盤上四個角落配置兩個人事宮位，上下左右各只配置一個人事宮位，共有十二個人事宮位。

右上角的坤宮為夫妻宮與子女宮，左上角的巽宮為疾厄宮與遷移宮，左下角的艮宮為官祿宮與田宅宮。

其餘四個上下左右的格子只配置一個人事宮位，上面中間為財帛宮，下面中間為福德宮，左邊中間為交友宮，右邊中間為兄弟宮。

十二宮位的三方組合

以地支來看，申子辰、亥卯未、寅午戌、巳酉丑為地支的「三合方」。運用到奇門十二宮位中，命宮、財帛、事業為「命三方」；田宅、兄弟、疾厄為「田宅三方」；交友、父母、子女為「交友三方」。福德、夫妻、遷移為「福德三方」，每三個宮位一組，構成四個三方宮位的組合。三方的宮位組合可視為一個宮位的三方，每三個宮位一組，互相影響、共存共榮的「整體組合」。

1. **命三方**：包括「命宮」、「財帛宮」、「事業宮」三個宮位。是一個人的生存方式，工作賺錢，工作類型，職業等。顯現一個人身在紅塵汲營的「生存方式」，也是一個人的「有為、作為」宮。

2. **田宅三方**：包括「田宅」、「兄弟」、「疾厄」三個宮位。是一個人的身世、宗族、背景、家庭、親情、經濟、財富、健康及物質生活的狀況。或可稱為人生的「果實」位子，是人生的「守成、收藏」宮。

3. **福德三方**：包括「福德」、「夫妻」、「遷移」三個宮位。是顯現一個人的秉性、精神嗜好、天分、因緣、際遇、根器、婚姻等「因緣果報」而來的事情。

4. 交友三方：包括「交友」、「父母」、「子女」三個宮位。是一個人的性情、心智、學問、修養、德行、忠孝、慈愛，以及仁義禮智信等「待人接物」和「處事」狀況；也表示一個人的競爭力，考試、比賽、升官，都是競爭力。

第二節 人事十二宮個別解析

命宮（人）

1. 太極點、命盤中樞，萬變不離其宗的「宗」。
2. 偏向精神、意志、表現「性向」的我，簡言之為「我」。
3. 顯示個性、天性與思考。
4. 表現「喜、怒、哀、樂」的感情抒發位。
5. 命三方之首。命三方為命宮、財帛宮、事業宮。一切都是我的思考來主導我的人生，有我，這個世界才有存在的意義。

在奇門遁甲中，命宮被視為個人命盤的核心，不僅反映了一個人的生命特質與內在本質，更是個人命運的象徵與起點。透過對命宮的分析，可以揭示一個人的性格、命運及其生活的各種面向。以下將逐一解釋命宮的五點定義，並闡述其象徵意義。

1. **太極點、命盤「中樞」：**

   命宮被稱為太極點，是因為它代表了命盤的中心，所有宮位與奇門符號的配置都圍繞並影響著命宮。在中國哲學中，太極代表宇宙生成與運行的根本原理，因此命宮作為太極點，承載著個體宇宙的核心力量與生命原動力。命宮是個人命運發展的基點，影響著其他宮位的運作與表現，體現了「萬變不離其宗」的道理。

2. **偏向精神、意志：**

   命宮代表的是一個人的「我」，即自我意識的核心所在。這關係到個人的精神面貌和意志力量，反映出一個人對生活的態度、個性的堅韌與追求的方向。命宮的強弱和吉凶，能夠顯示一個人內在精神的堅持與抗壓能力。

3. **顯示個性、天性與思考：**

   命宮是一個人性格與天賦的展示窗口。透過命宮奇門符號的配置，我們可以看到個體的性格傾向、思維模式與處事方式。命宮裡的奇門符號與其吉凶，直接影響著個人的性格發展與生活選擇。

4. 表現「喜、怒、哀、樂」的感情抒發位：

命宮同時是個人情感表達的核心場域。個人的情緒反應、感情起伏，以及對外界刺激的感受力，都與命宮的奇門符號安排密切相關。這些符號如何配置，往往可以預示一個人在情感表達與處理上的能力與方式。

5. 命三方之首：

在奇門遁甲中，命宮、財帛宮、事業宮合稱為「命三方」，這三個宮位共同決定了一個人的生活品質與運勢高低。命宮在這三方中居於首位，意味著個人的思考與選擇是塑造命運的關鍵。正如「有我，這個世界才有存在的意義」這句話，強調了自我認知與自我實現在個人生命中的中心地位。

綜上所述，命宮不僅是個人性格與命運的縮影，更是個人精神與意志的表徵。透過對命宮的深入了解，我們可以把握一個人的生活態度與未來發展的可能性，從而更好地指導個人的生活和選擇。

兄弟宮（人）

1. 兄弟宮是財帛的田宅，現金的收藏宮，論積蓄、經濟實力。
2. 兄弟宮是事業的共宗六位，論事業的規模。
3. 前兩點合起來，因而稱兄弟宮為「事業成就位」。
4. 兄弟宮是疾厄的事業，論身體氣數、體質。
5. 兄弟宮既是財帛的田宅，也是婚姻對待的收藏宮，主臥室、床位。
6. 對宮為交友宮。
7. 兄弟宮為田宅三方之一。田宅三方為田宅宮、兄弟宮與疾厄宮，兄弟宮顯示「物質生活」狀況。

在奇門遁甲中，兄弟宮不僅關係到個人的兄弟姊妹，更涵蓋了一系列關於財務、事業和生活環境的深遠含意，對於個人的社交能力、經濟狀況以及事業發展具有重要的影響。以下將依據兄弟宮的七點定義，詳細解釋其在命盤中的象徵意義與實際影響。

1. 兄弟宮是財帛的田宅，現金的收藏宮：

在奇門遁甲中，兄弟宮被視為財富的積累與管理之地。這說明兄弟宮直接影響一

第 3 堂課 ｜ 奇門命盤宮位的象徵

個人的經濟實力與財務管理能力，包括如何儲蓄現金及其他形式的資產，門符號的配置，能夠顯示個人在財務規劃與財富積累上的潛力與挑戰。這個宮位奇

2. **兄弟宮是事業的共宗六位：**

   此處的「共宗六位」指的是兄弟宮與事業發展的密切關聯。兄弟宮的奇門符號配置可以反映一個人在事業場合中與同事、夥伴的互動方式，以及如何透過這些互動來擴展其事業的規模與影響力。

3. **兄弟宮為「事業成就位」：**

   兄弟宮可視為事業成就的關鍵位置，因其不僅涉及財務資源的管理，也關乎和同業的合作與競爭。一個兄弟宮配置良好的奇門符號，有助於個人在職業生涯中取得成功，實現事業上的進展。

4. **兄弟宮是疾厄的事業，論身體氣數、體質：**

   這點顯示兄弟宮也與個人的健康和體質有關。兄弟宮的狀態可能反映個人面對疾病與健康挑戰的能力，並可能指出需要注意的健康問題。

5. 兄弟宮對婚姻的影響：

兄弟宮同時影響個人的婚姻狀況，特別是在夫妻間物質與空間的安排上，如主臥室和床位的配置。這表明兄弟宮的影響範疇遠超過家庭內的關係，延伸至婚姻生活的品質與和諧度。

6. 對宮為交友宮：

兄弟宮的對宮是交友宮，這代表兄弟宮不僅關係著家庭內的兄弟姊妹，也與一個人的社交圈、朋友關係密切相關。兄弟宮的狀況好壞直接影響到個人的社交能力和人際關係。

7. 兄弟宮為田宅三方之一：

在奇門遁甲中，田宅三方包括田宅宮、兄弟宮與疾厄宮，這三者共同影響個人的物質生活狀況。兄弟宮在這其中扮演著關鍵角色，涉及到個人的居住環境、物質條件，以及對生活品質的直接影響。

夫妻宮（人）

1. 福德的財帛，福分財。
2. 田宅的田宅，家運。
3. 疾厄的疾厄，體型、廚房。
4. 遷移的事業，出外運。
5. 對宮為事業宮。
6. 夫妻宮為福德三方之一，福德三方包括福德宮、夫妻宮與遷移宮，為幼年的福分位。

在奇門遁甲中，夫妻宮承載著關於個人婚姻狀況、家庭和諧，以及個人福分的深刻意義。此宮位的奇門符號配置對於理解一個人的婚姻品質、家庭生活以及與伴侶的相處方式至關重要。以下將根據夫妻宮的六點定義，深入分析其在個人命盤中的象徵意義。

1. 福德的財帛，福分財：

夫妻宮被視為個人的「福分財」所在，指的是透過婚姻關係帶來的財富或福氣。

這反映了婚姻不僅在情感上，在物質上也對個人的生活品質有著重要影響。一個良好的夫妻宮配置，預示著婚姻生活中的財務穩定與相互支持。

2. **田宅的疾厄，家運：**

   這一點指出夫妻宮與家庭運勢緊密相連。家庭是個人生活的基石，夫妻宮的狀況影響著家庭的和諧與困難。如果夫妻宮受到不利的奇門符號影響，可能預示著家庭中會經歷一些挑戰或疾病。

3. **疾厄的田宅，體型、廚房：**

   這表示夫妻宮還與個人健康、體型，以及家中的廚房設施相關。夫妻宮奇門符號的配置可能影響一個人的健康狀態和飲食習慣，因為廚房是維繫家庭健康的重要場所。

4. **遷移的事業，出外運：**

   夫妻宮也與個人的遷移運和事業發展相關。這指出一個人在婚後可能會有的搬遷，或是與配偶一起到新地方發展事業的機會。此宮位的情況反映了個人在進行生活重大變革時的運勢。

5. 對宮為事業宮：

由於夫妻宮的對宮是事業宮，這顯示個人的婚姻狀況與職業生涯密切相關。一個穩定和諧的婚姻可以為事業發展提供支持，反之亦然，事業的成功或挑戰也會影響婚姻品質。

6. 夫妻宮為福德三方之一：

夫妻宮是福德三方的重要組成部分，包括福德宮、夫妻宮與遷移宮。這三個宮位共同決定了個人從幼年到成年的福分和生活品質。夫妻宮在這其中扮演的角色，表明婚姻的品質直接影響到個人的整體福氣與幸福感。

綜合以上分析，夫妻宮在一個人的命盤中具有重大意義，不僅影響婚姻的品質和家庭的和諧，還關係著個人的財富、健康、以及生活的重大變遷。透過細緻分析夫妻宮奇門符號的配置，可以更深入地理解一個人在婚姻和生活其他方面的福分和挑戰。

子女宮（人）

1. 交友的事業，看合夥。
2. 福德的疾厄，看晚景。
3. 疾厄的福德，身體的享受宮。
4. 夫妻的下一宮，引伸為因婚姻而來的人際關係位置，所以論桃花、外遇（桃花星）。
5. 夫妻的下一宮，引伸為婚姻之後的感情，看「親戚」位。
6. 田宅的遷移，論出外運。
7. 兄弟的夫妻，論妯娌。
8. 對宮是田宅宮。
9. 子女為交友三方之一，交友三方包括交友宮、父母宮與子女宮，子女宮指人際交往的小輩。

在奇門遁甲中，子女宮具有極為重要的地位，它不僅牽涉到個人的子女，還與一系列的人際關係、生活階段與個人發展息息相關。以下依據子女宮的九點定義，詳細解釋此宮位在個人命盤中的各種象徵意義。

1. 交友的事業，看合夥：

   子女宮在某種程度上代表著個人在事業中的合夥關係，尤其是那些像兄弟姊妹一樣親近的伙伴。這顯示了個人在職場或業務上與他人合作的能力與狀況，對於判斷合夥事業的成功與否具有重要價值。

2. 福德的疾厄，看晚景：

   子女宮反映了一個人晚年的生活品質與健康狀態，主要聚焦於個人在退休後的生活情況，包括疾病、健康問題，以及享受晚年生活的能力。

3. 疾厄的福德，身體的享受宮：

   此宮位涉及個人如何享受生活，特別是身體健康與物質享受方面。這反映了一個人對健康生活的態度及其在日常生活中追求舒適與幸福的程度。

4. 因婚姻而來的人際關係位置，看「親戚」位：

   作為夫妻宮的下一宮，子女宮也代表婚姻所帶來的延伸家庭，如親戚關係。這些關係在許多方面影響個人的社交圈和家庭和諧。

5. **婚姻之後的感情，論桃花、外遇：**

   子女宮同時涉及個人在婚後可能出現的情感波動，包括戀愛或外遇。桃花星的位置與影響力顯示了個人在感情上的吸引力與可能面臨的誘惑。

6. **田宅的遷移，論出外運：**

   這一點指出子女宮與個人的遷移運勢相關，涉及搬家、旅行或到外地生活的可能性。這對於判斷個人在不同生活階段的地理移動和變化具有重要價值。

7. **兄弟的夫妻，論妯娌：**

   子女宮在家庭結構中也象徵著與兄弟的配偶即妯娌的關係。這種關係影響家庭和諧與個人的社交生活。

8. **對宮是田宅宮：**

   這一點表明子女宮與個人的居住環境密切相關。家庭的安定與舒適度從子女宮奇門符號的配置中可見端倪，反映了居住環境對家庭幸福感的影響。

9. 人際交往的小輩：

作為交友三方之一，子女宮不僅關注直系後代，也涵蓋了其他年輕一代的人際關係。這包括朋友中的年輕人或是年輕的同事，這些人在個人的生活中扮演著重要角色。

綜合以上分析，子女宮在命盤中的位置及其配置的奇門符號，深刻地影響著個人的家庭生活、人際關係以及個人發展的多個方面。透過對子女宮的細緻解讀，可以更好地理解一個人在家庭、事業及社交等方面的動態與趨勢，進而提供指導和預測。

財帛宮（事）

1. 父母的疾厄，欲望、（金錢）價值觀。
2. 夫妻的夫妻，婚姻的「對待關係」。
3. 交友的田宅，客房。
4. 福德的遷移，性格嗜好的表象宮。
5. 對宮是福德宮。
6. 命三方之一，論行業、賺錢的狀況。

財帛宮是奇門遁甲中關於財富、收入、價值觀和賺錢能力的重要宮位。這個宮位不僅代表個人財務狀況的變化，還包括個人的欲望、職業選擇以及賺錢的能力。以下根據財帛宮的六點定義，詳細解釋其含意和象徵意義。

1. 父母的疾厄，欲望、（金錢）價值觀：

財帛宮與欲望和價值觀相關，特別是在金錢方面。它反映了個人對金錢的態度和追求財富的動機。這個宮位奇門符號的配置可以揭示個人的財務需求、金錢觀念，以及是否會有極端的欲望，或是追求物質的享受。

2. **夫妻的夫妻，婚姻的「對待關係」**：

   財帛宮與婚姻中的財務關係密切相關，這個宮位的狀態可能影響婚姻中的財務互動。夫妻雙方的經濟狀況、資產共享以及對財務的期望，都可能受到財帛宮的影響。這也可能反映婚姻中的財務壓力與相互支持。

3. **交友的田宅，客房**：

   這個定義說明了財帛宮與家庭生活中的客房或額外空間相關。這可能象徵著個人的財務餘裕，或是能夠為他人提供物質上的幫助。也體現了個人在人際關係中願意分享資源的程度。

4. **福德的遷移，性格嗜好的表象宮**：

   財帛宮也反映個人的性格和嗜好，與他們如何花錢和使用資源密切相關。這個宮位顯示個人在追求財富的過程中，可能的偏好和興趣，進而影響他們的消費行為。

5. **對宮是福德宮**：

   財帛宮的對宮是福德宮，這意味著個人的財富狀況與他們的精神狀態和幸福感密

切相關。這種對立關係可能指出財務壓力如何影響個人的情緒，以及財富與幸福感之間的平衡。

6. 命三方之一，論行業、賺錢的狀況：

作為命三方之一，財帛宮是關於行業選擇和賺錢能力的重要宮位。這個宮位奇門符號的配置可以揭示個人適合的行業、賺錢的潛力，以及他們在職業生涯中的發展方向。財帛宮的狀態直接影響個人賺錢的能力和收入狀況。

疾厄宮（事）

1. 疾厄為交友的福德，看人際交往的相處狀況，與身體的接觸。
2. 疾厄為田宅的事業，家運。
3. 疾厄為田宅三方之一，主物質生活。
4. 疾厄為事業的田宅，工作環境、工作地方。
5. 對宮是父母宮。

在奇門遁甲中，疾厄宮是一個非常重要的宮位，主要關注個人的健康、疾病、困難以及與之相關的生活領域。這個宮位的奇門符號配置可以揭示一個人在身體健康、工作環境以及家庭運勢等方面可能遇到的問題和挑戰。以下依據疾厄宮的五點定義，深入解釋其在命盤中的具體含意。

1. 疾厄為交友的福德，看人際交往的相處狀況，與身體的接觸：

疾厄宮在這裡象徵一個人在人際關係中的身體和情感接觸。這可能涉及到個人如何在社交場合中表達親密和舒適，以及這些互動可能帶來的正面或負面影響。此外，也可能反映個人如何透過身體接觸來建立或破壞關係的福氣。

2. **疾厄為田宅的事業，家運：**
這一點指出疾厄宮與個人的家庭環境和家庭運勢緊密相連。疾厄宮的狀況可能影響家庭的和諧與安寧，家中是否經常發生健康問題或其他困難，都與此宮位奇門符號的配置有關。

3. **疾厄為田宅三方之一，主物質生活：**
作為田宅三方之一的疾厄宮，不僅會影響個人的健康和家庭運勢，還深刻影響個人的物質生活條件，包括住房環境、財務狀況及其對生活品質的直接影響。

4. **疾厄為事業的田宅，工作環境、工作地方：**
這顯示疾厄宮也與個人的職業生活密切相關，特別是工作環境和工作地點。工作中可能遇到的健康問題或職業壓力，都是由疾厄宮的奇門符號配置所影響。

5. **對宮是父母宮：**
疾厄宮的對宮是父母宮，這表明個人的健康狀況或其他困難可能與父母的健康或關係有直接的關聯。這反映出家庭遺傳疾病的可能性或家庭成員之間的支持與壓力。

綜合以上分析，疾厄宮在個人命盤中的作用極為關鍵，涵蓋了健康、家庭、工作環境等多個方面。疾厄宮的好壞直接影響一個人的生活品質和幸福感。透過這個宮位的深入分析，我們可以更好地預測和應對生活中可能遇到的各種挑戰和困難。

遷移宮（事）

1. 遷移是福德的事業，稱為福運，是廣大的社會際遇位。
2. 遷移是福德三方之一，有為之年的福運。
3. 對宮是命宮。
4. 因為是主外在社會，因此引申為處世應對的能力、社交能力、社會資源。

奇門遁甲中，遷移宮代表個人的移動、旅行、社會交往以及與外界的各種互動。這個宮位的配置揭示一個人在社會中的活動能力、社交場合的表現，以及在不同環境中適應與發展的潛力。以下根據遷移宮的四點定義，詳細解釋其含意和象徵意義。

1. **遷移是福德的事業，稱為福運：**
遷移宮被視為是一個人社會運勢的象徵，反映了個人在社會中的際遇與成功的機會。這個宮位的好壞直接影響個人能否在社會上獲得成功與認可，以及他在事業上的發展速度與品質。

2. **遷移是福德三方之一，有為之年的福運：**

作為福德三方的一部分,遷移宮顯示了個人在有為年齡時的運勢和機遇。這通常是指在個人生涯的黃金時期,遷移宮奇門符號的配置將決定這一時期內,一個人能夠把握的機會和面臨的挑戰。

3. 對宮是命宮:

遷移宮的對宮是命宮,這表示個人的內在本質與外在活動之間的直接聯繫。命宮展示了一個人的本性和內在特質,而遷移宮則是這些特質如何在社會中展現出來的反映。這種關聯說明了內在性格如何影響外在表現。

4. 處世應對的能力、社交能力、社會資源:

遷移宮同時涉及個人的社交能力和在社會上的活動力。這個宮位可以反映一個人如何利用社會資源,以及他在公共場合的應對策略。這包括與人建立關係的能力,以及在需要時利用這些關係來促進自己利益的能力。

總結來說,遷移宮在一個人的命盤中占有重要的位置。遷移宮不僅關係到個人的社會生活和職業發展,還影響著他如何在廣闊的社會環境中找到自己的位置。透過對遷移宮的分析,可以深入了解個人的社交風格、適應外界變化的能力,以及他們在社會中成功的潛力。

交友宮（人）

1. 交友是夫妻的共宗六位，婚姻狀況的指標，感情的甜蜜度。
2. 交友是福德的田宅，行善布施的積德位，神明廳、佛堂、神龕。
3. 交友是田宅的福德，為祖先的墳墓，泛指曾祖父以上的祖先。
4. 對宮是兄弟宮。
5. 交友三方之一，人際交往中的平輩。

在奇門遁甲中，交友宮具有顯著的象徵意義，主要反映個人的人際關係、社交能力，以及如何在社會中建立和維護友誼。此宮位不僅關乎日常的人際交往，還包括對婚姻、家庭和社會公益活動的影響。以下將根據交友宮的五點定義，詳細解釋其在個人命盤中的含意。

1. **交友是夫妻的共宗六位，婚姻狀況的指標，感情的甜蜜度：**

交友宮在婚姻中的影響表現，為夫妻之間的互動與感情交流。這個宮位奇門符號的配置能夠反映婚姻中的和諧程度，以及夫妻雙方在感情上的滿足感和甜蜜度。在此宮位，良好的符號配置預示著穩定而和諧的伴侶關係。

2. **交友是福德的田宅，行善布施的積德位，神明廳、佛堂、神龕：**

   這一點強調了交友宮與個人道德修養和宗教信仰的關聯。交友宮的狀態也象徵個人是否有利於社會的行為，如慈善活動或對社會的貢獻。這可以在個人的居住空間中看到，例如家中是否設有神明廳或佛堂，作為心靈的寄託和精神的淨化場所。

3. **交友是田宅的福德，為祖先的墳墓：**

   交友宮也與家族的傳承和祖先的紀念有關。這表明個人對家族歷史的尊重與維護，以及如何透過維護祖墳等行為來表達對先人的敬意和繼承家族傳統的態度。

4. **對宮是兄弟宮：**

   交友宮的對宮是兄弟宮，這表明個人在親密關係之外的社交能力，如與兄弟姊妹及其他平輩親友的關係處理。這種配置揭示了個人如何在家庭以外建立與維護良好的人際關係。

5. **交友三方之一，人際交往中的平輩：**

   作為交友三方的一部分，交友宮關注個人在與同齡人或平輩的互動與關係建立。這不僅反映社交技巧，也涵蓋了在職場或其他社會團體中的人際互動。

總結來說，交友宮在一個人的命盤中起到決定性的作用，影響婚姻、家庭、社交往以及對祖先的尊敬等多方面。透過對交友宮的深入分析，可以預見個人在人際關係及社會活動中的表現與成功潛力。

事業宮（事）

1. 事業是夫妻的遷移（婚姻之外的感情），婚外情（要有桃花星）。
2. 事業是福德的福德，看祖墳（阿公／祖父）。（福德代表個人先天因果，及身後歸宿的「墳」）
3. 事業是父母的田宅，書房、書桌。
4. 對宮是夫妻宮。
5. 命三方之一，論行業、賺錢的方式。

事業宮在奇門遁甲中承載著個人職業發展、事業前景，以及在社會中立足的能力等多方面的象徵意義。這個宮位根據奇門符號的配置和組合，直接影響個人的職業選擇、工作態度以及事業成就。以下根據事業宮的五點定義，詳細解釋其含意和人事象徵。

1. 事業是夫妻的遷移，婚外情（要有桃花的符號）：

事業宮除了反映個人的職業生涯，還可能與婚姻之外的感情關係有關，尤其是當有代表桃花的符號在其中運行時。這可能預示著個人在事業場景中可能面臨的誘惑或情感波動，而這些情感狀況可能對工作環境和職業道德產生影響。

2. **事業是福德的福德，看祖墳：**

　　這一點涉及到事業宮與家族傳承的關係。這象徵著個人在職業生涯中的道德價值觀和對祖先的尊重程度。祖墳代表家族的根基與傳統，事業宮的配置可能表現出個人在職業選擇和職業道德上的堅持和底線。

3. **事業是父母的田宅，書房、書桌：**

　　事業宮與個人的學習和家庭教育環境有關。書房和書桌是學習和知識傳承的場所，這表明事業宮的配置可能影響個人接受教育的過程，以及他們在事業上如何運用知識和技能。

4. **對宮是夫妻宮：**

　　事業宮的對宮是夫妻宮，這說明了事業與婚姻之間的關聯。個人的事業發展可能會對婚姻關係產生影響，反之亦然。事業上的成就可能為婚姻帶來支持，但同時也可能帶來壓力與挑戰。

5. 命三方之一，論行業、賺錢的方式：

作為命三方之一，事業宮關注的是個人的職業發展和賺錢的方式。命三方是指命宮、財帛宮、事業宮，它們共同影響個人的賺錢能力和行業選擇。事業宮的配置顯示一個人在事業上的追求和他們選擇賺錢的方式。

總結來說，事業宮在奇門遁甲中具有重要的意義，事業宮不僅關乎個人的職業生涯和事業成就，還關係到婚姻、家庭傳統以及個人在職業選擇上的道德價值觀。透過對事業宮的分析，可以深入了解個人在事業上的發展方向以及他們可能在職業生涯中面臨的機會與挑戰。

田宅宮

1. 田宅是財帛的共宗六位，「財富」的收藏宮，最大的財庫。
2. 田宅三方，物質生活。
3. 對家道和祖德的影響。
4. 對宮是子女宮。
5. 田宅三方之首，收藏三方，為人生最終的果實位。

田宅宮在奇門遁甲中承載著一個人的物質基礎、家庭財富以及祖先傳承的重要性。這個宮位反映了個人在物質生活、家庭運勢以及對家族歷史和責任的看法。以下根據田宅宮的五點定義，詳細解釋其含意和象徵意義。

1. **財富的收藏宮，最大的財庫：**

田宅宮被視為個人及家庭財富的核心，象徵家庭所積累的財富和資產，包括房產、土地以及其他形式的財產。田宅宮奇門符號的配置顯示了個人管理和累積財富的能力，以及這些財富對家庭的意義。

2. 田宅三方，物質生活：

田宅三方包括田宅宮自身，涉及到個人的物質條件和生活品質，反映了他們如何處理與維護物質資源。這個宮位奇門符號的配置決定了一個人在物質層面上的安定與舒適。

3. 家道和祖德的影響：

父母宮為我的父母：福德宮為父母的父母，也就是我的祖父；田宅宮則為我祖父的父母，也就是我的曾祖父。田宅又為家道，可知家道身繫在曾祖父身上，因此祖德的好壞關係到家道的興衰，而祖德最少可以影響六代人：曾祖父、祖父、父親、自己、兒子、孫子。

由此可見，田宅宮直接與家族的歷史和傳承相關，尤其是曾祖父的影響。這表明家族中先祖的德行和行為，會對當代和未來幾代的家庭繁榮與衰敗有著深遠的影響。好的祖德可能帶來家族的長期繁榮，而不良的祖德則可能導致家族的困難和挑戰。

4. 對宮是子女宮：

田宅宮與子女宮相對，這種配置強調了家庭財富和子女之間的關聯。父母所累積的財富與資產對子女的未來有著直接的影響，包括他們的教育、生活條件以及未來

繼承問題。

5. 人生最終的果實位：

作為收藏三方之首，田宅宮象徵著個人一生中所累積的成就和成果。這不僅涉及物質財富，還包括家庭和社會地位的建立。田宅宮的狀況顯示一個人對家庭責任的承擔，以及他們如何為自己和後代創造穩定的生活基礎。

總結來說，田宅宮在個人命盤中的位置極其重要，涵蓋了財富累積、家族傳承，以及對子女未來的影響等多個方面。透過對田宅宮的深入分析，可以更好地了解一個人在物質和家庭方面的狀態，以及他們如何影響及被家族歷史所影響。

福德宮（事）

1. 先天之福，後天之德。
2. 福德是財帛的遷移，金錢、欲望的表現宮，個人物質的偏好宮。
3. 對宮是財帛宮。
4. 福德三方之首，為人生的福分位。人之所以降生為人，皆因有福，福盡則人亡，主晚年之榮枯。

福德宮在奇門遁甲中是一個極為關鍵的宮位，福德宮不僅代表個人的先天福氣和後天所積累的德行，還涉及個人的物質欲望和晚年的生活狀況。福德宮奇門符號的配置可以深入反映一個人的生命品質、道德價值觀，以及他們如何處理與享受生活中的物質和精神資源。以下根據福德宮的四點定義，詳細說明其含意和象徵意義。

1. 先天之福，後天之德：

福德宮的核心在於展示一個人生來的福氣，以及他們一生中透過行為和決策所積累的德行。先天福分是指一個人出生時帶來的命運和機遇，而後天德行則是個人透過正直、善良的行為所獲得的積極結果。這兩者共同決定了一個人的總體幸福和社會地位。

2. **福德是財帛的遷移，金錢、欲望的表現宮，個人物質的偏好宮：**

福德宮同時也關係著個人對財富的態度和物質欲望的管理。這一宮位顯示一個人如何處理和利用他們的財富，以及這些財富如何影響其生活品質和道德價值觀。福德宮涉及到如何平衡物質追求與精神生活的關係，以及這種平衡如何影響他們的個人發展和家庭和諧。

3. **對宮是財帛宮：**

福德宮與財帛宮相對，這種配置強調了德與財的相互作用。一個人的財富如何獲得及其使用方式，不僅反映了其經濟狀況，也是其道德和倫理標準的表現，顯示出個人在物質追求與精神價值之間如何取得平衡。

4. **福德三方之首，為人生的福分位：**

作為福德三方的首位，福德宮是評估一個人整體福分和生命品質的關鍵宮位。福德宮不僅涉及個人的生活滿意度，也預示著他們的晚年狀態。根據奇門遁甲的觀點，個人的生命長短和品質都與其福氣相關，福氣豐富的人享有長壽和幸福的生活，而福氣缺乏則可能面臨較多的生活挑戰和困難。

綜合以上分析，福德宮在一個人的命盤中擔當著極其重要的角色，福德宮不僅關係個人的財富和物質追求，更深層地涉及到個人的道德修養、生活哲學，以及最終的人生滿意度和晚年生活的品質。透過對福德宮的深入了解，可以更好地洞察一個人的整體福祉和生命軌跡。

父母宮（人）

1. 父母是夫妻的田宅，配偶的家庭。
2. 父母是遷移的共宗六位，社會道德的規範位，百善孝為先的積德位。
3. 父母是交友的財帛，銀行、互助會、私人借貸等與人金錢的往來。
4. 對宮是疾厄宮。
5. 交友三方之一，人際交往中的長輩。

父母宮在奇門遁甲中具有深遠的含意，不僅代表個人與父母的關係，也涉及家庭背景、社會責任，以及金融往來等多個層面。這個宮位奇門符號的配置深刻影響一個人在家庭和社會中的行為模式和道德價值觀。以下根據父母宮的五點定義，詳細解釋其含意和人事象徵。

1. 父母是夫妻的田宅，配偶的家庭：

這一點說明了父母宮與個人的配偶和其家庭背景緊密相關。父母宮的奇門符號配置反映了個人與配偶家庭的互動和影響，包括婚姻中的家庭關係和對配偶家庭的理解與接受程度。

2. **父母是遷移的共宗六位，社會道德的規範位，百善孝為先的積德位：**

父母宮代表社會道德和倫理的核心，特別是孝道。這一宮位強調了個人如何履行對父母的孝順，以及這種行為如何塑造其社會形象和道德評價。孝順父母在許多文化中被視為基本德行，父母宮的良窳直接影響個人在社會中的信譽和道德立場。

3. **父母是交友的財帛，銀行、互助會、私人借貸等與人金錢的往來：**

父母宮同時關係到金融事務和財務關係，如個人如何透過銀行、互助會或私人借貸來管理財富。這反映了個人在金融活動中的信譽，以及他如何透過金錢關係維繫或擴展社會和家庭聯繫。

4. **對宮是疾厄宮：**

父母宮的對宮是疾厄宮，這表明個人的家庭健康狀況或父母的健康可能對其生活造成重大影響。這樣的配置，提示家庭中的健康問題可能需要個人承擔更多的責任和壓力。

5. 交友三方之一，人際交往中的長輩：

作為交友三方的一部分，父母宮涉及個人與社會中長輩的關係。這不僅限於血緣關係中的長輩，也包括在職場或社會團體中的長輩。這一宮位顯示個人如何尊敬並與這些長輩互動，這些互動又如何影響其社會網絡和職業發展。

總結來說，父母宮在個人命盤中的位置至關重要，父母宮不僅涉及到家庭責任和孝道，還包括與社會、金融往來的關聯。透過對父母宮的深入分析，可以更全面地理解個人的家庭背景、社會道德觀念以及在金融、社會交往中的行為模式。

第 4 堂課

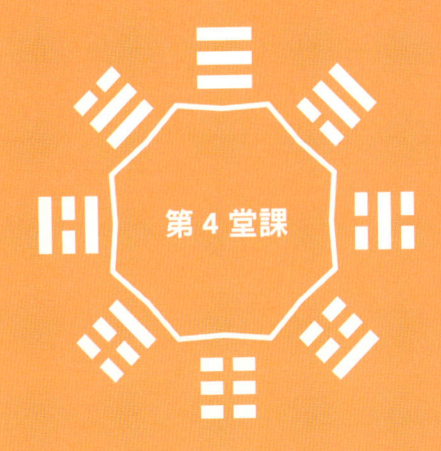

奇門八神符號的象徵

第一節 八神符號的象徵含意

八神包含：值符、騰蛇、太陰、六合、白虎、玄武、九地、九天。

八神可以代表人，也可以代表事，以下將分為這兩大面向分別說明。

【如果八神代表人】

代表一個人的思想、觀念、想法。吉神思想正面、陽光、偏向為好人；凶神思想負面、偏差、偏向為壞人。

1. **值符（吉神）**：主見強，喜掌權掌控，威嚴有氣勢。不怒而威，德高望重，有組織領導能力。有影響力，服眾，不屈居人下。多得能人幫助，有靠山，高貴華貴。

2. **騰蛇（凶神）**：聰明圓滑，三心二意，變來變去，反反覆覆。虛詐不實，拐彎抹角，閃爍不定，死纏爛打。也主智慧，聰明，能應變。

3. **太陰（吉神）**：心思細膩，想得多。性情溫順，喜助人，會照顧人。思想、感情細膩，策劃能力強，善密謀策劃。

4. **六合（吉神）**：有親和力，人緣佳。性好和平，隨合。開朗歡樂，愛笑陽光，可愛，招人喜愛。喜做說合之事，人緣佳。

5. **白虎（凶神）**：威嚴強勢，脾氣硬，不服輸。果斷，凶猛，威權，霸道。強硬，脾氣暴躁。本領過人，能力厲害，做任何事都願意挺身而出。

6. **玄武（凶神）**：喜暗中行事，神祕不可捉摸。虛偽狡猾，投機謊言，詐騙，好唬弄人，有迷惑性。聰明多智。

7. **九地（凶神）**：低調，保守，固執。緩慢，其性好靜，穩定厚重。消極，缺乏上進心，不能大膽進取。吝嗇節儉。

8. **九天（吉神）**：好動，高調。企圖心強，志向高遠，發展空間大。性剛而好動，威嚴威猛，膽大。好強爭勝，高調張揚，好高騖遠，心高氣傲。

【如果八神代表事】

代表神助或神阻，貴人或小人。吉神運勢較好，做事有貴人幫，常有貴人相助，是一種助力；凶神運勢較差，做事常遇小人，扯後腿，或遇災事，是一種阻力。

1. 值符（吉神）：得神庇佑。德高望重、高檔、名貴的。領導人、升遷。多得能人幫助。

2. 騰蛇（凶神）：變化、反覆、纏繞、彎曲。虛詐虛假、驚恐怪異。虛驚、惡夢。

3. 太陰（吉神）：提升護佑、貴人暗中幫助、升遷。密謀策劃、陰謀詭計。好暗昧私通、與女人陰私之事有關。

4. 六合（吉神）：婚戀、合作。歡樂吉祥、開心、利於談判交易、婚姻嫁娶、喜慶。口說、演講、數量多。

5. 白虎（凶神）：傷災、疾病、爭鬥、官非、阻礙、暴力、強迫、血光、刑罰、車禍、官司。

6. **玄武（凶神）**：貪污竊盜，行賄受賄，或拈花惹草、暗有私情。暗昧之事、玄學、量、迷糊、不清楚、謊言虛假、唬弄他人。靈活多智巧言、頭

7. **九地（凶神）**：長久、緩慢、穩定、堅牢、地下、柔順、包容、矮小。滋生萬物、厚載之德。

8. **九天（吉神）**：出行、分離。升遷、爭鬥。高調張揚、變動。遠走高飛、遠距離、不在身邊。

第二節 八神在「人的宮位」的人格特質與相處方式

值符——在各宮位的人格特質與相處方式

1. **命宮的八神為值符：**

- 人格特質：命宮代表自己，當命宮的八神為值符，此人的主要特質是自主強烈，喜歡掌控和決策。他們具有領導氣質，自尊心高，並習慣主導生活的各個方面。

- 相處方式：重要的是尊重他們的領導性和獨立性。在合作時應提供足夠的空間讓他們發揮，並在必要時給予適當的支持和肯定。

2. **兄弟宮的八神為值符：**

- 人格特質：表示此人的兄弟姊妹可能具有強烈的控制欲和保護性，他們可能會在家庭中扮演主導和保護者的角色。

- 相處方式：值符兄弟宮的人與兄弟姊妹相處時，建議鼓勵和支持他們在家庭中的領導角色，同時也要小心處理可能因控制欲過強而導致的衝突。

3. **夫妻宮的八神為值符：**
   - 人格特質：夫妻宮代表配偶，當夫妻宮的八神為值符時，表示此人的配偶可能會展現較強的控制慾和主導性。這可能表現在對共同生活的安排和決策上具有主導權。
   - 相處方式：值符夫妻宮的人建立關係時，應試圖理解和適應其配偶的控制需求，同時在保持自身獨立性的前提下，尋找平衡點來和諧相處。

4. **子女宮的八神為值符：**
   - 人格特質：子女宮代表子女或晚輩，當子女宮的八神為值符時，表示此人的子女或晚輩可能表現出強烈的獨立性和控制慾。他們可能在與長輩的互動中嘗試主導和指揮。
   - 相處方式：值符子女宮的人建議支持和培養其晚輩的獨立性和領導能力，同時設法引導他們學會尊重和合作，以避免潛在的衝突。

5. **交友宮的八神為值符：**
   - 人格特質：交友宮代表朋友及同儕關係，當交友宮的八神為值符時，表示此人的朋友可能具有明顯的控制慾和領導欲。在友群中，這類人可能經常處於決策和引導的位置。
   - 相處方式：值符交友宮的人應鼓勵和肯定同儕在朋友圈中的領導角色，同時保

6.
- 父母宮的八神為值符：
  - 人格特質：父母宮代表父母或長輩，當父母宮的八神為值符時，表示此人的父母可能具有強烈的控制欲和保護性。他們在家庭中常扮演支配和指導的角色。
  - 相處方式：值符父母宮的人建議尊重並理解其父母的保護和控制欲，同時學習在尊重的基礎上爭取自身的獨立性和自主權。

騰蛇——在各宮位的人格特質與相處方式

1. 命宮的八神為騰蛇：
   - 人格特質：可能表現出聰明、圓滑，善於應變的特質。他們擅長運用策略和技巧在各種情境中取得優勢，有時可能會顯得三心二意或不太穩定。
   - 相處方式：建議保持一定的靈活性和開放性，適時展示出理解和適應其變化的能力，可以幫助建立穩定的關係。

2. 兄弟宮的八神為騰蛇：
   - 人格特質：表示此人的兄弟可能具有靈活多變和圓滑的特點。他們可能在家庭中以機智和策略性行事，有時可能會因應不同情形而表現出不一致的態度。

持一定的獨立性，以防過度依賴或被控制。

3. **夫妻宮的八神為騰蛇：**
   - 人格特質：表示此人的配偶可能會展現出聰明、計謀和多變的特質，在感情中可能表現出一定的不確定性和多疑。
   - 相處方式：需要在信任和開放的基礎上進行深入的溝通，了解並接受他們的性格特點，同時在感情中保持誠實和透明，以建立堅固的信任基礎。

4. **子女宮的八神為騰蛇：**
   - 人格特質：子女或晚輩可能表現出聰明、機智和變通的能力。他們在學習中可能常常處於注意力不集中或心定不下來的狀態。
   - 相處方式：建議培養他們的創造力和自主性，同時教導他們如何在遵守基本原則的前提下靈活應對，鼓勵他們使用聰明才智於正途。

5. **交友宮的八神為騰蛇：**
   - 人格特質：表示此人的朋友可能具有應變能力強、策略性高的特點。在人際交往中往往讓他人感覺他們比較圓滑、三心二意或不可靠。
   - 相處方式：建議保持開放和包容的心態，在與他們的互動中，保持一定的警覺性，並嘗試不被表面現象所迷惑。

- 相處方式：最好保持警覺和靈活，了解兄弟姊妹的真實意圖和需求，透過溝通和理解來緩和潛在的矛盾。

太陰——在各宮位的人格特質與相處方式

1. 命宮的八神為太陰：

- 人格特質：此人通常內心細膩、感性，思緒豐富，往往能夠洞察他人未言之情。對周圍環境和人際關係的感受性強，並傾向於內省和深思。他們
- 相處方式：最好是提供一個溫暖、理解的環境。鼓勵他們分享內心的想法和感受，並給予充分的情感支持和肯定，這樣可以幫助他們感到安全和被接納。

2. 兄弟宮的八神為太陰：

- 人格特質：表示此人的兄弟可能敏感、富同情心，彼此關係深刻且情感豐富。
- 相處方式：建議培養一種深入的情感連結。注意他們的情緒變化，透過共鳴和共感來加強彼此的信任和連結。

6. 父母宮的八神為騰蛇：

- 人格特質：表示此人的父母可能具有高度的智慧，但有時可能顯得較為猶疑或不一致。
- 相處方式：建議尊重並理解父母的行事風格，同時學會從他們的策略中學習。保持真誠和正直是關鍵，這有助於建立穩定和健康的家庭關係。

3. **夫妻宮的八神為太陰：**
   - 人格特質：表示此人的配偶可能性格敏感、善解人意，非常關注伴侶的感受和需要。
   - 相處方式：重要的是經常表達情感和肯定，並積極回應對方的情感需求。這樣的互動有助於建立一個溫暖而支持的伴侶關係。

4. **子女宮的八神為太陰：**
   - 人格特質：表示此人的子女或晚輩可能展現出情感深邃、反應敏感的特點。他們對周遭的情感氛圍特別敏感。
   - 相處方式：應該提供一個充滿愛和支持的環境，鼓勵他們表達自己的感受，並教導他們如何健康地管理和表達情緒。

5. **交友宮的八神為太陰：**
   - 人格特質：表示此人的朋友可能特別注重情感連結，喜歡深度的交流和分享內心世界。
   - 相處方式：建議在友誼中投入真摯的情感和深層的交流。這種人的朋友欣賞真實和開放的溝通，因此，展示真實的自我並分享個人經歷可以加深友誼。

6. **父母宮的八神為太陰：**
   - 人格特質：表示此人的父母可能非常關心家庭和子女的感受，表現出高度的保

護性和同情心。

- 相處方式：重要的是表達對其父母關懷和支持的感謝。保持開放的溝通管道，以增進理解與和諧。

☀︎ 六合——在各宮位的人格特質與相處方式

1. **命宮的八神為六合：**
   - 人格特質：此人通常非常友好且具有親和力，能夠輕鬆與他人建立關係。他們擁有強大的人際交往能力，常常成為各種社交場合的中心人物。
   - 相處方式：建議保持開放和友好的態度。這些人喜歡互動和社交活動，因此參與他們的社交活動可以加深彼此的友誼和了解。

2. **兄弟宮的八神為六合：**
   - 人格特質：顯示此人的兄弟關係通常和諧融洽，能夠在兄弟姊妹之間建立良好的合作和支持。
   - 相處方式：可以透過共同的活動和經歷來增強彼此的聯繫，鼓勵正面的互動和支持，這將有助於維持和睦的家庭關係。

3. **夫妻宮的八神為六合：**

- 人格特質：表示此人的婚姻或伴侶關係通常充滿愛與和諧，彼此間的合作和理解較為突出。
- 相處方式：應致力增強溝通和共享經驗。多向對方表達情感和欣賞，可以進一步加強這種積極的夥伴關係。

4. **子女宮的八神為六合：**
- 人格特質：表明此人的子女或晚輩關係通常和諧，能夠從父母那裡得到足夠的支持和鼓勵。
- 相處方式：應該鼓勵並支持他們的興趣與發展。提供一個充滿愛的環境和積極的反饋，有助於他們成長和提高自信心。

5. **交友宮的八神為六合：**
- 人格特質：顯示此人在朋友圈中極具人緣，能夠與不同的人建立穩定而和諧的關係。
- 相處方式：參與朋友的社交活動並提供正面的互動是非常有益的。他們欣賞真心、誠懇的人，所以建立穩固的信任基礎是關鍵。

6. **父母宮的八神為六合：**
- 人格特質：表示此人的父母關係充滿支持和理解，父母通常能提供必要的鼓勵和指導。

白虎——在各宮位的人格特質與相處方式

- 相處方式：重視家庭的和諧與積極的溝通十分重要。表達對父母的感激和尊重，同時積極參與家庭活動。

1. **命宮的八神為白虎：**
   - 人格特質：此人通常表現出強烈的威嚴和領導力。他們可能較為固執，有著強烈的競爭意識和不輕易妥協的性格。
   - 相處方式：建議尊重他們的領導地位和自尊心。在衝突中展示耐心和謹慎，避免直接挑戰他們的權威，並尋求建設性的溝通方式。

2. **兄弟宮的八神為白虎：**
   - 人格特質：可能意味著此人在兄弟之間存在一定的競爭和衝突。他們可能表現出強烈的主導欲和爭論傾向。
   - 相處方式：建議與兄弟姊妹積極尋求和解與共識，鼓勵開放的溝通和相互尊重，以減少不必要的摩擦和對立。

3. **夫妻宮的八神為白虎：**
   - 人格特質：表示此人的配偶可能具有較強的主導性和控制欲。他們可能在關係

4. 子女宮的八神為白虎：

● 人格特質：表明此人的子女或晚輩可能具有強烈的自主性和獨立精神，他們可能對權威有本能的反抗傾向。

● 相處方式：建議提供明確的指導和界限，同時給予足夠的空間讓他們探索和自我表達。透過正面的激勵和尊重他們的獨立性，來培養健康的成長環境。

5. 交友宮的八神為白虎：

● 人格特質：顯示此人的朋友可能傾向主導和指揮。他們在團體中可能表現出領導力，但也可能因為過於強勢而引起摩擦。

● 相處方式：建議在保持個人立場的同時，學會欣賞和利用他們的領導才能。在集體活動中尋找共同的目標和興趣，可以幫助維持和諧的社交關係。

6. 父母宮的八神為白虎：

● 人格特質：表示此人的父母可能具有強烈的保護性和控制欲。他們在家庭中可能執著於規矩和秩序，有時可能顯得過於嚴厲。

● 相處方式：重要的是表達對其指導和關懷的感激，同時學會在尊重的基礎上為

中尋求主導地位，有時可能表現得較為專制。

● 相處方式：應該學會適當地表達自己的意見，同時保持尊重和理解。在重要決策上共同商討，努力尋找平衡點，以建立更和諧的伴侶關係。

玄武——在各宮位的人格特質與相處方式

自己爭取適當的自由和獨立。透過積極的溝通和對話,來增進理解並緩解潛在的衝突。

1. **命宮的八神為玄武:**
   - 人格特質:此人通常表現出冷靜、沉穩的性格特徵。他們喜歡在背後默默支持,不求表面的功名,同時在決策上會表現得非常謹慎和實際。
   - 相處方式:宜耐心聆聽他們的想法,給予他們足夠的時間和空間來表達自己。他們可能不善於表達情感,因此透過行動支持他們會更有效。

2. **兄弟宮的八神為玄武:**
   - 人格特質:可能意味著此人的兄弟關係中,存在著默契與更深層的內心支柱,但可能缺乏外在的溝通與表達。
   - 相處方式:尊重他們的隱私和獨立性,並在他們需要時提供堅實的支持。

3. **夫妻宮的八神為玄武:**
   - 人格特質:表示此人的配偶可能不太表達情感,捉摸不定。
   - 相處方式:在感情表達上可能需要更多耐心和理解,以深化彼此的情感連結。

4. 子女宮的八神為玄武：

- 人格特質：表明此人的子女或晚輩可能在行為上顯得較為內斂和謹慎，喜歡在成熟的指導下學習和成長。
- 相處方式：應該提供明確的指導和穩定的環境，鼓勵他們表達自己。

5. 交友宮的八神為玄武：

- 人格特質：顯示此人在朋友圈中可能不常發表意見，不清楚他們在想什麼。
- 相處方式：建議在他們需要時主動提供支持和幫助，並表現穩定和忠誠，以獲得他們的信任。

6. 父母宮的八神為玄武：

- 人格特質：表示此人的父母可能在情感表達上較為內斂。
- 相處方式：玄武父母宮的人與父母相處時，建議表達對他們穩定性和支持的欣賞。在日常交流中提供更多的情感支持，幫助他們發掘更多的情感表達。

九地——在各宮位的人格特質與相處方式

1. 命宮的八神為九地：

- 人格特質：此人通常表現出低調、保守的特性，偏好穩定而不願過多冒險。他

2. 兄弟宮的八神為九地：

● 人格特質：這可能意味著此人與兄弟之間的關係較為保守和傳統，彼此間可能缺乏深度的情感交流，但保持一定的忠誠和責任感。

● 相處方式：建議強調傳統價值和互相支持的重要性。避免強迫他們接受迅速的變化或過於開放的新觀念。

3. 夫妻宮的八神為九地：

● 人格特質：這表明此人的配偶可能是一個非常穩定和保守的伴侶，重視家庭和傳統的婚姻觀念。

● 相處方式：重要的是理解和尊重他們的保守性，以及對穩定的需求。在推動任何新的家庭規劃或改變時，應該充分溝通，並尋求他們的同意和支持。

4. 子女宮的八神為九地：

● 人格特質：可能顯示此人的子女或晚輩傾向保守和遵循傳統，可能在創新或變革方面表現出躊躇。

● 相處方式：建議教育他們尊重傳統的同時，也要鼓勵他們開放思維。提供一個

● 相處方式：最佳方式是尊重他們的保守觀點和習慣。在推動變化或新觀念時，應該逐步進行，給予充足的時間讓他們適應。

們可能對變化抱有抵抗態度，堅持已知和可靠的方法。

5. **交友宮的八神為九地：**
   - 人格特質：這表明此人的朋友可能是個保守、可靠的人，不太願意參與過於冒險的活動。
   - 相處方式：建議尊重他們的選擇和界限。在進行社交活動時，選擇較為傳統和低風險的方式，以保持良好的友誼和舒適感。

6. **父母宮的八神為九地：**
   - 人格特質：表示此人的父母可能非常重視傳統和規範，會在家庭教育和生活方式上堅持傳統觀念。
   - 相處方式：應該展現對家庭傳統和規範的尊重。在推動任何變化時，考慮他們的觀點和感受，以保持家庭的和諧與穩定。

九天——在各宮位的人格特質與相處方式

1. **命宮的八神為九天：**
   - 人格特質：此人通常表現出極高的活力和企圖心。他們追求高目標，擁有強烈的進取心和樂觀精神，經常是探索新事物和冒險的先鋒

2. **兄弟宮的八神為九天：**
   - 人格特質：這可能意味著此人與兄弟間的關係充滿活力和動力，會共同參與冒險和探索的活動。
   - 相處方式：建議共同參與新奇和刺激的活動。保持關係的活力和樂趣，可以增強彼此的聯繫和兄弟情誼。

3. **夫妻宮的八神為九天：**
   - 人格特質：這表明此人的配偶可能具有非常開放和進取的性格，樂於接受挑戰並尋求成就。
   - 相處方式：重要的是支持對方的職業和個人抱負。共享夢想和目標，並在實現這些目標的過程中提供動力和鼓勵。

4. **子女宮的八神為九天：**
   - 人格特質：表明此人的子女或晚輩可能展現出強烈的好奇心和探索精神，熱愛挑戰和嘗試新事物。
   - 相處方式：應該鼓勵和支持他們的探索和學習。提供多樣的學習資源和機會，幫助他們開拓視野，培養多元的興趣和能力。

5. 交友宮的八神為九天：
   - 人格特質：這表明此人的朋友可能是那個總是充滿活力和新想法的人，喜歡帶領朋友一起冒險和創新。
   - 相處方式：建議積極參與他們的計劃和活動。他們欣賞那些能夠與他們共享冒險和創新精神的朋友。

6. 父母宮的八神為九天：
   - 人格特質：表示此人的父母可能在家庭生活中鼓勵自由和獨立思考，支持創新和個人成長。
   - 相處方式：可以表達對其自由和創意發展的欣賞，積極參與家庭的討論和活動。

第三節 八神在「事的宮位」會發生什麼事與建議如何應對

值符——在各宮位會發生什麼事與建議如何應對

1. **財帛宮的八神為值符：**

- 會發生什麼事：表示在財務運勢上得到加持，特別有利於錢財累積和投資成功。在這種情況下，個人不僅能夠輕易地吸引財富，還可能得到上司或者貴人的特別支持，使得投資和財務規劃更加順利。
- 建議如何應對：在這種時期，建議積極地投資於那些之前經過深思熟慮的項目，或者嘗試在職業生涯中尋求新的高峰。此外，可以透過建立更多的人脈關係來增加自己的影響力，特別是與有影響力的人士建立良好的互動關係。

2. **疾厄宮的八神為值符：**

- 會發生什麼事：象徵病痛或困境中會有意外的轉機或援助，並且病症容易被診斷出來，治療方案明確，恢復的希望較大。
- 建議如何應對：在面臨健康問題時，應及時求醫，並遵循專業醫療人員的指

導。此外可加強個人的健康管理,如定期健康檢查、適量運動及維持均衡飲食等。

3. **遷移宮的八神為值符**：
   - 會發生什麼事：意味著際遇上將獲得意外的好運和順利,過程中可能遇到重要的人物或有益的機會。在工作或求財方面將遇到貴人,對職業發展及財富增長特別有利。在社交場合中,能夠輕易吸引他人的注意,人際關係良好,有助於擴大人脈及提升個人形象。
   - 建議如何應對：在外交際時,應保持開放和友好的態度,積極參與各種社交活動,將有助於開創新的合作機會。

4. **事業宮的八神為值符**：
   - 會發生什麼事：象徵職涯發展中會得到重要的推動和幫助,通常也意味著能在工作中取得顯著成就,獲得升職或領導職位的機會。此外,也表示能得到上級或業界重要人士的支持和賞識。
   - 建議如何應對：在這段期間,應積極表現自己的能力和專業,同時也要注意培養與同事及上級的良好關係。尋求更多的責任和挑戰可以顯著提升個人的職場地位。

5. **田宅宮的八神為值符：**
   - 會發生什麼事：通常意味著家庭財富的增加，尤其是透過不動產投資等方式。家庭關係和諧，家庭成員間的支持增強，共同努力將帶來更好的家庭氛圍。
   - 建議如何應對：此時是投資不動產的良好時機，應該謹慎評估市場機會並尋求專業意見。在家庭方面，加強與家人的溝通和互動，將有助於維護和諧的家庭環境。

6. **福德宮的八神為值符：**
   - 會發生什麼事：值符在福德宮象徵個人的精神和情感得到滿足，內在平靜，幸福感增強。
   - 建議如何應對：應當利用這段時間探索和發展自己的興趣愛好，如藝術、音樂或其他創意活動。這不僅能提升個人的生活滿意度，也有助於精神上的成長。

騰蛇——在各宮位會發生什麼事與建議如何應對

1. **財帛宮的八神為騰蛇：**
   - 會發生什麼事：騰蛇在財帛宮，象徵財務上可能會有不穩定和波動。騰蛇具有變化和不確定性的特質，可能導致收入來源不穩定或面臨財務危機。此外，也

2. **疾厄宮的八神為螣蛇：**
   - 會發生什麼事：預示健康狀況可能會有反覆不定的情況，如易感染疾病或突發的健康問題。這可能導致焦慮和不安，尤其是在精神健康方面。
   - 建議如何應對：在面對健康問題時，應尋求可靠的醫療幫助，不應忽視任何小症狀。保持健康的生活方式，如規律運動、均衡飲食和充足睡眠，並嘗試採用放鬆技巧來管理壓力和焦慮。

3. **遷移宮的八神為螣蛇：**
   - 會發生什麼事：可能帶來生活中的不確定性和意外，或遇到不可預測的困難，如在工作或財務上的挑戰，以及與不誠實的人交往的風險。
   - 建議如何應對：應做好充分的準備和計劃，以應對可能的變數。在人際交往中保持警覺與冷靜，避免與不信任的人深入交往。

4. **事業宮的八神為螣蛇：**
   - 會發生什麼事：螣蛇在事業宮代表職業發展中可能遇到不如預期的變化與挑戰。這可能包括職位突然變動、工作環境不穩定或項目方向忽然改變。
   - 建議如何應對：在這段充滿變數的時期，保持靈活和適應力是關鍵。建議保持

太陰——在各宮位會發生什麼事與建議如何應對

1. **財帛宮的八神為太陰：**
- 會發生什麼事：象徵著財務上的穩定與成長，特別是透過女性或背後有女性支持。太陰也象徵智慧和直覺能夠幫助個人的財務決策。

5. **田宅宮的八神為騰蛇：**
- 會發生什麼事：可能會帶來家庭財務的不確定性，尤其是涉及不動產和大宗投資的波動。在家人關係與運勢方面，可能會遇到家庭內部的矛盾或變化。
- 建議如何應對：在涉及家庭財務和不動產的決策上，建議採取謹慎的策略。對於家庭關係，需要增強溝通和理解，避免讓問題影響家庭和諧。

6. **福德宮的八神為騰蛇：**
- 會發生什麼事：騰蛇在福德宮可能會導致精神或情感上的波動和不穩定。可能會遇到挑戰，影響個人的內心平靜和生活的滿意度。
- 建議如何應對：在這段時期，重視個人的情感和精神健康至關重要。建議積極尋求精神上的寄託，如冥想、瑜伽或其他形式的心理輔導。

開放心態，準備隨時應對變動，並利用任何突出的機會來證明自己的能力。

2. 疾厄宮的八神為太陰：
 - 會發生什麼事：可能表明病症與內部、隱藏的健康問題相關，如慢性疾病或精神心理狀態的影響。這種狀況需要深入調查和治療，可能涉及到女性健康或家族遺傳疾病等問題。
 - 建議如何應對：在這個時期，重視內部健康問題的預防和治療尤為重要。建議定期進行體檢，特別是關注與家族病史相關的健康檢查。在心理健康方面，也可能需要專業的諮詢和治療。

3. 遷移宮的八神為太陰：
 - 會發生什麼事：個人在外際遇可能獲得隱密或不為人知的支持，特別是來自女性的幫助或指導。
 - 建議如何應對：社交互動中保持開放和接納的態度，尤其是對需要幫助的人。

4. 事業宮的八神為太陰：
 - 會發生什麼事：通常象徵職場中可能存在著幕後的支持或影響力，這可能來自女性貴人或上司主管。太陰的影響也可能表現為需要在職業生涯中處理一些隱

5. 田宅宮的八神為太陰：

- 會發生什麼事：表明家庭財務可能受到女性家庭成員的重大影響，或者家庭中可能會有祕密的財務活動。家庭關係可能處於某種祕密或不公開的狀態，需要透過深入的溝通來解決隱藏的問題。

- 建議如何應對：在家庭和財務管理中，保持透明和公正是關鍵。對於家庭成員尤其是女性成員的需求和期望，應給予足夠的重視和尊重。

6. 福德宮的八神為太陰：

- 會發生什麼事：表示個人的精神生活可能會受到深刻的女性影響，或者與女性相關的精神追求或活動有所增加。這可以是藝術、靈性尋求或與家庭密切相關的活動。

- 建議如何應對：這是一個深化內心生活和精神追求的好時機，尤其是透過與家庭或社區中女性的互動。

密的事務，例如檯面下的協議或不公開的策略。

- 建議如何應對：在這段時間內，建議與女性同事或上司建立、維護良好的關係，她們可能在職業進展中扮演重要角色。此外，處理職場問題時，保持靈活和謹慎，特別是涉及機密資訊時。

六合——在各宮位會發生什麼事與建議如何應對

1. **財帛宮的八神為六合：**
   - 會發生什麼事：表明在財務方面會有良好的合作機會，尤其是伙伴關係或合夥企業可能帶來的利益。這種狀態促進了財務上的和諧與共贏情況，尤其是在涉及多方共同投資或合作的商業活動中。
   - 建議如何應對：在這段時期，尋找可靠的合作夥伴進行投資或業務合作是明智之舉。建議找到那些能夠帶來互利共贏的機會。

2. **疾厄宮的八神為六合：**
   - 會發生什麼事：通常表示綜合多樣的疾病或症狀，例如頭暈、身痛、嘔吐、麻木等多種疾病。
   - 建議如何應對：積極尋找並利用可用的醫療資源，如專業醫生的意見或健康管理服務。如果遇到健康問題，不要猶豫，立即尋求第二意見或更多專業的醫療幫助。

3. **遷移宮的八神為六合：**
   - 會發生什麼事：個人在外際遇可能會遇到有助於事業或個人發展的合作機會，這些機會可以是臨時的或長期的。在人際交往方面與他人會有良好的互動，建

第 4 堂課 | 奇門八神符號的象徵

4. **事業宮的八神為六合：**
   - 會發生什麼事：六合在事業宮，表明職業發展將受益於合作和夥伴關係。這可能涉及到團隊工作的成功，或是與商業夥伴的互惠互利。此時期，合作項目或合資企業尤其可能帶來成功和成就。
   - 建議如何應對：積極尋求和維持良好的專業關係，特別是那些可以互補你的技能和資源的夥伴。在任何合作關係中，保持公開和透明的溝通至關重要。

5. **田宅宮的八神為六合：**
   - 會發生什麼事：表明財務上將因合作機會或獲得家庭成員的支持而得到增強，可能涉及到共同投資或購置房產。家庭相對和諧，成員間的互助將提升整體家庭的福祉和穩定。
   - 建議如何應對：積極尋求並把握那些可以互補你技能和資源的夥伴，尤其在財務和房產決策上，並加強建立和維護家庭良好的關係。

6. **福德宮的八神為六合：**
   - 會發生什麼事：六合在福德宮顯示在個人的精神和情感層面上，將經歷與他人

白虎——在各宮位會發生什麼事與建議如何應對

1. **財帛宮的八神為白虎：**
   - 會發生什麼事：可能遇到突然的困難或損失。白虎具有激烈和突發性的特徵，可能導致投資失敗、意外支出或財務欺詐事件。此外，白虎也可能象徵法律問題對財務的影響。
   - 建議如何應對：在這段時間內，建議採取保守的財務管理策略，避免任何高風險的投資。同時，對所有財務活動保持高度警覺，尤其是涉及大筆交易或合約簽署時，應仔細審查條款和潛在的風險。

2. **疾厄宮的八神為白虎：**
   - 會發生什麼事：可能指示健康問題的突然惡化或事故傷害的風險增加。白虎帶

- 的深入連接和合作。這可能表現為與他人共享精神追求，或有共同的興趣愛好帶來內心滿足和快樂。
- 建議如何應對：積極參與團體活動，如社區服務、志願者工作或任何形式的團隊基礎活動。這些活動不僅能增強你的社交網絡，還能提升你的個人福祉和內心的滿足感。

第 4 堂課　奇門八神符號的象徵

來的影響通常是劇烈和嚴重的，也可能包括嚴重的疾病或意外事故。

- 建議如何應對：加強個人的安全意識和健康管理是關鍵。避免從事高風險的活動，並定期進行健康檢查，特別是在身體出現不適的信號時，應立即尋求醫療幫助。

3. 遷移宮的八神為白虎：

- 會發生什麼事：白虎在遷移宮可能會帶來旅途中的危險或不測，例如交通事故或旅行中的變故。在外的經歷可能會遇到意外困難或對抗性事件，如與人的衝突或法律問題。
- 建議如何應對：在出行或旅途中應盡量規劃好每一步，避免可能的危險情況。人際交往中保持冷靜和專業，避免不必要的衝突，並準備好應對可能的對抗。

4. 事業宮的八神為白虎：

- 會發生什麼事：白虎在事業宮表示可能會遇到職業上的重大挑戰、壓力或衝突，包括職場爭議、挑戰或重大失誤。白虎的影響往往帶來突然的變故，可能對職業生涯產生負面影響。
- 建議如何應對：在工作中保持高度警覺，避免可能引起爭議的行為。建議強化危機管理能力，學會在壓力下保持冷靜，並積極尋求法律或專業意見來預防或解決工作上可能的問題。

5. **田宅宮的八神為白虎：**

● 會發生什麼事：可能表示家庭財務出現突然的挑戰，面臨財務上的困難或壓力，如意外支出或財產損失。可能會發生家庭成員之間的衝突或緊張關係，尤其是涉及財產或遺產問題。

● 建議如何應對：在家庭財務管理上應更加謹慎，為可能的緊急情況預留備用金。在家庭關係上，積極尋求解決衝突的方法，保持溝通的開放性，以減少不必要的爭執。

6. **福德宮的八神為白虎：**

● 會發生什麼事：白虎在福德宮可能帶來個人情緒或精神上的衝突，可能會經歷精神壓力或感情上的挑戰。這種影響可能對個人的內心平靜造成破壞，需要注意心理健康。

● 建議如何應對：在這段時間內，重視自我照顧與心理健康非常重要。可能需要尋求心理諮詢或參加支持團體，以幫助管理壓力和負面情緒。同時，培養積極樂觀的生活態度和應對機制，以增強個人的情緒韌性。

玄武──在各宮位會發生什麼事與建議如何應對

1. 財帛宮的八神為玄武：
- 會發生什麼事：可能表示財務上的隱藏問題或不正當行為，如欺詐、貪污或潛在的法律問題。這種配置可能導致不穩定的財務狀況，需要警惕任何看似有利但實際上具有高風險的投資。
- 建議如何應對：保持對財務活動的嚴密監控，避免涉及不透明或法律邊緣的交易。建議與信譽良好的專業人士合作，對投資和財務計劃仔細評估、審查。

2. 疾厄宮的八神為玄武：
- 會發生什麼事：可能表明慢性疾病或難以診斷的健康問題，可能涉及暈眩、糊塗、嘔吐或怪異的疾病。
- 建議如何應對：對於可能的病症，建議尋求專家的意見和持續的醫療監護。保持健康生活方式和定期體檢是關鍵。對症狀也要保持警覺，及時留意任何健康變化。

3. 遷移宮的八神為玄武：
- 會發生什麼事：可能在外面遇到欺詐或不誠實的行為，需要小心應對可能的財務或人際的陷阱。在人際關係中可能出現誤會或欺騙，需要保持警覺和謹慎。

4. **事業宮的八神為玄武：**
   - 會發生什麼事：可能遭遇職業道德問題或內部欺詐行為。這可能涉及背後的不誠實行為或不透明的業務操作，導致職業生涯面臨障礙或挫折。
   - 建議如何應對：在工作中保持警覺，特別是與財務和合約相關的事宜。建議增加透明度、多監督，並與信譽良好的同事和業界人士保持緊密合作，以防範潛在的不正當行為。

5. **田宅宮的八神為玄武：**
   - 會發生什麼事：可能指家庭財務中存在隱蔽的問題，如家庭成員的財務不誠實或隱瞞重要訊息。家人關係上可能存在疑慮或信任問題，影響家庭和諧。
   - 建議如何應對：在涉及家庭財務和房產事務時，加強審查和透明度，與家人進行開放而坦誠的溝通，以建立、維護信任。在處理房產問題時，尋求專業建議，確保所有交易都是公開和正當的。

6. **福德宮的八神為玄武：**
   - 會發生什麼事：可能帶來精神上的混亂或困惑，感受到生活中的欺騙或不公正，可能對個人的道德信念和內心平靜構成挑戰。
   - 建議如何應對：重視個人的心理健康和精神價值觀，避免被消極情緒所左

右。學習如何處理情緒和心理壓力，並維護個人的正直和道德，即使在面對試探和困難時也要堅守自己的原則。

九地——在各宮位會發生什麼事與建議如何應對

1. 財帛宮的八神為九地：
- 會發生什麼事：通常象徵穩定的財務增長和長期的財富累積。這個位置表明透過長期的投資和節儉，可以逐步建立財富。然而，這種增長可能較為緩慢，需要耐心和持久的努力。
- 建議如何應對：專注於長期和穩定的投資策略，如房地產和退休基金，避免追求快速的財務回報。

2. 疾厄宮的八神為九地：
- 會發生什麼事：可能表示健康問題是長期且緩慢變化的。可能涉及到慢性病或需要長期管理的健康狀況，例如病情的表現往往為血壓低、昏迷、懶言少語等。
- 建議如何應對：建議定期做全面的健康檢查，對潛在的長期問題保持警覺，以預防和管理慢性健康問題。

3. 遷移宮的八神為九地：

4. **事業宮的八神為九地**：
- 會發生什麼事：象徵著職業發展可能是穩定且長期的，但進步的速度可能較慢。這可能表明在目前的職位上有穩固的地位，但升職或變動的機會較少。
- 建議如何應對：應該專注於長期目標和持續的專業發展。雖然晉升速度可能慢，但持續的努力、增進專業將穩固你的職業地位。可以考慮追求進一步的教育或培訓以增強你的技能。

5. **田宅宮的八神為九地**：
- 會發生什麼事：九地在田宅宮可能表示財產的增值是穩定且持久的，但增長速度較慢。這可能涉及到長期的不動產投資或家庭財富的逐漸積累。與家人的關係穩定，但也可能存在一些長期未解決的問題。
- 建議如何應對：在不動產投資方面，應專注於長期價值的增長而非短期收益。建議安排家庭活動，增加家庭成員間的互動與交流。

6. **福德宮的八神為九地**：
- 會發生什麼事：表明精神和心理層面的穩定，但可能也意味著內心世界的變化

九天——在各宮位會發生什麼事與建議如何應對

1. **財帛宮的八神為九天：**
   - 會發生什麼事：表明財務上可能出現快速的變化和機遇，如突然的大筆收入或高風險投資的豐厚回報。這種配置帶來機遇，但也伴隨著相應的風險。
   - 建議如何應對：在這段時期，應該利用突如其來的財務機會，但也需要謹慎評估風險。建議進行多元化投資，並保持一定的流動性以應對可能的財務波動。

2. **疾厄宮的八神為九天：**
   - 會發生什麼事：可能意味著健康狀況的突然變化，例如突發性疾病或意外傷害。病情為陽症，表現血壓高、興奮、多動，但需要立即的醫療處置。
   - 建議如何應對：重視任何健康異常的早期警示信號，及時就醫。在生活中加強預防措施，如進行定期體檢，保持健康的生活方式。

緩慢，可能需要時間才能達到深刻的自我理解或精神成長。

- 建議如何應對：培養耐心和堅持是關鍵。在精神和情感的探索上，應接受這是一個長期過程。參與長期的自我提升活動，如冥想、瑜伽或心理成長課程，可以幫助支持和提高耐性。

3. **遷移宮的八神為九天：**
   - 會發生什麼事：九天在遷移宮可能帶來突然的或長距離的旅行機會。也許會在外遇到意外的好運或重要的機遇，而這些機遇對未來的職業發展或個人成長有顯著影響。
   - 建議如何應對：保持靈活和準備好抓住突如其來的機會，應積極主動，利用每一次機會擴展你的人際網絡和影響力。

4. **事業宮的八神為九天：**
   - 會發生什麼事：九天在事業宮表示可能遭遇職業生涯中的重大變動或快速晉升的機會。這可以包括突然的職位提升、新的職業機遇或者進入一個全新的工作領域。
   - 建議如何應對：面對職業中的變動，應保持積極樂觀的態度，並準備好接受新挑戰。這是個人成長和發展的大好機會，應該積極爭取並充分利用這些機會來擴展你的職業技能和經驗。

5. **田宅宮的八神為九天：**
   - 會發生什麼事：可能帶來家庭財富的突然增加，例如透過繼承、房地產投資或大筆的財務投機。遠行、異地相處或投入於工作事業可能影響家庭關係。
   - 建議如何應對：在家庭財務管理方面，應有遠見和謹慎的策略，避免因快速的

6. 福德宮的八神為九天：

- 會發生什麼事：這段期間可能特別想要遠行、旅遊、突破或改變，尤其會發生在精神和情感層面的重大變革，如人生觀念的突破或精神上的覺醒與改變。這種影響可能引導你探索新的精神路徑或擴展你的文化和哲學視野。

- 建議如何應對：對於外在或內心世界的變化，應保持開放和接受的態度。可能需要花時間去適應這些變化，並從中找到個人的平衡和新方向。

財富增長而做出衝動的決策。也須重視家庭關係，避免因事業上的衝刺而造成家庭關係的疏遠。

第 5 堂課

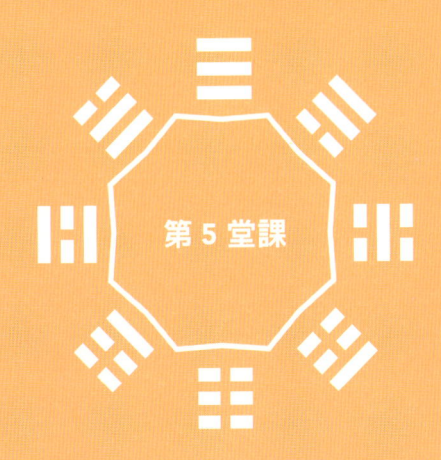

奇門九星符號的象徵

第一節 九星符號的象徵含意

九星包含：天蓬星、天芮星、天沖星、天輔星、天禽星、天心星、天柱星、天任星、天英星。九星可以代表人，也可以代表事，以下將分為這兩大面向分別說明。

【如果九星代表人】

代表一個人的個性、性格、情緒與能量；什麼樣的九星，代表有什麼樣的個性與性格。

1. 天蓬星（凶星）：

拚搏、敢搶、敢賭、敢冒風險。膽大妄為，不顧後果，破產、失敗。貪婪，貪酒色。成功時能成為大商人，因為大膽、敢搶、敢賭、敢冒風險；失敗時有大破財的可能性。

2. 天芮星（凶星）：

有問題的。疾病，固執，遲鈍，反應慢，懦弱。

3. 天沖星（吉星）：

易衝動、易與人發生衝突。性急易怒，衝動，說話直白，冒失，粗魯，不穩重。工作時行動力強，做事爽快果斷。果敢，敏捷，勇往直前。

4. 天輔星（吉星）：

心慈而善，有愛心。喜助人，輔佐協助指導，有奉獻精神，能包容別人。有文化涵養、彬彬有禮，氣質高雅含蓄，謙恭禮讓。

5. 天心星（吉星）：

公司組織團體裡的核心人物，領導、主管。聰明有智慧，心思縝密，富有領導才能，善於組織策劃管理。能成就大事，又善於學術心理哲學之事。

6. 天柱星（凶星）：

好辯、喜與他人唱反調、用口舌詆毀別人，好鬥爭訟，具有破壞性。做事不按常

理，怪異獨特不從眾。能說善道，獨當一面，肩挑大樑，力排眾議，力挽狂瀾。

7. **天任星（吉星）**：

忠厚誠實，任勞任怨，樂於助人，堅持目標不放棄。執著，執拗倔強，做事不知變通，保守固執，不敢放手大幹，安於現狀。

8. **天英星（凶星）**：

性子很急，脾氣大，好勝易怒。焦躁不安，愛發火，易煩躁，容易有情緒。個性陽光，熱情，喜當英雄，聰明有才華，最愛表現，善於公關社交。

【如果九星代表事】

象徵天時。九星主要會影響一件事的發展性質，吉星為有大的、好的發展性，凶星則有侷限性或破壞性。

九星主要會影響一件事的發展性，如果代表這件事的宮位裡，九星是一顆吉星，則這時去辦事可得天時，也就是趕上現在流行的潮流，有好的發展趨勢，恭逢其時，是吉事，當然可以去做。

天時，發展有阻礙或發展受限。

相反的，如果宮位裡遇到凶星，代表這時去辦這件事不得天時，發展有侷限性、限制性，甚至會出現問題，有破壞性，是凶事或事難辦成，代表這時去辦這件事不得

1. **天蓬星（凶星）：**
   破財、破產、失敗。涉險，膽大妄為，不考慮後果，不顧風險的拚搏，或貪婪酒色與賭博。成功時能成為大商人，因為大膽、敢搶、敢賭、敢冒風險；一旦失敗，則有大破財的可能性。

2. **天芮星（凶星）：**
   有問題的。固執，遲鈍，反應慢，懦弱。疾病，發展遲緩。跟學習、教學、考試有關，也和神像、佛像、神明有關。

3. **天沖星（吉星）：**
   易衝動，易與人發生衝突。性急，說話直白，冒失、粗魯、不穩重。工作行動力強、做事爽快果斷，果敢、敏捷、勇往直前、衝在前面。也代表衝撞、車禍、意外、事故。

4. 天輔星（吉星）：
能得貴人的輔佐或協助指導。有愛心，又喜奉獻付出及助人，能包容別人。與文化教育藝術有關。

5. 天心星（吉星）：
為公司組織團體裡的核心人物，如領導、主管。聰明有智慧、心思縝密、富有領導才能、善於組織策劃管理、能成就大事。善於學術心理哲學之事，與醫藥、醫療儀器有關。

6. 天柱星（凶星）：
中途驚變，意外突發，破壞。爭吵，口舌事非，犯小人，犯眾怒、官司爭訟。能說會道，利從事與說教有關的行業。能獨當一面，肩挑大樑。力排眾議，力挽狂瀾。

7. 天任星（吉星）：
善於財富的累積，尤其是在房子、不動產方面。任勞任怨，任重道遠，執著堅持，堅持目標不放棄。安於現狀、不敢放手大幹。

8. 天英星（凶星）：

桃花星，善公關社交。才華能力的展現，喜表演愛表現，追求時尚流行。有利提升知名度、社交關係與人脈的拓展。

第二節 九星在「人的宮位」的人格特質與相處方式

天蓬星——在各宮位的特質與相處方式

1. **命宮的九星為天蓬星：**

- 人格特質：具有極高的企圖心和冒險精神，他們敢於拚搏，不畏風險，甚至在必要時可以做出大膽的賭注，顯得膽大妄為。他們在商業上可能取得巨大的成功，但也可能導致重大的失敗或破產。
- 相處方式：支持他們的創業精神和冒險行為，同時在必要時提供實際的意見和謹慎的建議，幫助他們考慮到潛在的風險和後果。

2. **兄弟宮的九星為天蓬星：**

- 人格特質：意味著兄弟姊妹可能會表現出強烈的競爭和主導欲望。他們可能會爭取更多的注意和資源，因而與家人產生衝突。
- 相處方式：重要的是要建立清晰的界限和公平的規則，鼓勵公平競爭和團隊合作，並確保家庭內部不會因為過度競爭而破裂。

3. 夫妻宮的九星為天蓬星：
   - 人格特質：代表在感情關係中對方可能顯得冒進和衝動，他們對於愛情的追求可能是熱情而直接的，但也可能顯得過於急躁或不顧後果。
   - 相處方式：需要耐心和理解來應對他們的衝動，同時在感情中加入變化與新鮮感，以增進感情的溫度。

4. 子女宮的九星為天蓬星：
   - 人格特質：代表小孩敢嘗試、敢拼、敢冒險。這些年輕人可能非常獨立，有時甚至會顯得反叛。他們可能喜歡探索未知的領域，對新事物具有高度的好奇心。
   - 相處方式：最好的方法是提供他們足夠的自由和支持，讓他們能夠探索自己的興趣和激情。同時，也需要設定合理的限制和指導，幫助他們學會負責任和考慮後果。

5. 交友宮的九星為天蓬星：
   - 人格特質：意味著一個非常活躍和大膽、不畏涉險的朋友。他們可能喜歡接受挑戰和新鮮事物、敢賭敢拚，往往不顧後果，大成大敗。
   - 相處方式：最好考量自己承擔風險的能力，審慎評估機會的可行性，避免跟著對方一頭熱、一廂情願地全心投入，或是因為過於樂觀而招致破財、失敗。

天芮星——在各宮位的特質與相處方式

6. **父母宮的九星為天蓬星:**
   - 人格特質:代表有非常積極和主動的父母或長輩。他們可能對家務有強烈的控制欲,甚至可能顯得過於強勢。
   - 該如何相處:學會如何尊重他們的意見和經驗,同時也要設法保持自己的獨立性,定期與他們進行開放和誠實的對話,以避免不必要的衝突和誤解,保持家庭和諧。

1. **命宮的九星為天芮星:**
   - 人格特質:通常顯得比較保守、固執,並且在情緒上可能較為遲鈍。這樣的性格使得他們在學習和接受新事物時可能會顯得有些緩慢。
   - 相處方式:需要耐心和同情心。他們可能需要更多的時間來適應變化或學習新事物。提供一個穩定和支持的環境,幫助他們克服挑戰,並鼓勵他們開放心扉,接受新的想法和可能性。

2. **兄弟宮的九星為天芮星:**
   - 人格特質:兄弟、手足不太善於表達自己,有時可能感覺被忽略或不被理解。

3. 夫妻宮的九星為天芮星：

- 相處方式：建議多一些溝通和理解。努力聽懂他們的想法和需求，並在手足之間創造一個包容和理解的氛圍，避免不必要的衝突。

- 人格特質：在感情關係中可能顯得比較消極或缺乏自信。他們在表達愛意和情感上可能比較含蓄，有時甚至可能因為固執或封閉的態度而與伴侶產生距離。

- 相處方式：在這種關係中，重要的是創建一個溫暖和接納的環境，讓對方感到安全和被愛，鼓勵開放的溝通和共享感受。

4. 子女宮的九星為天芮星：

- 人格特質：這些年輕人在情感表達上可能會顯得較為內向和保守。他們在面對學習和社交的壓力時可能顯得更為敏感和脆弱。

- 相處方式：最好是提供一個穩定和鼓勵的家庭環境，讓他們感受到支持和理解。鼓勵他們表達自己，並提供適當的心理和情感支持，好幫助他們的成長和發展。

5. 交友宮的九星為天芮星：

- 人格特質：朋友在人際交往中可能顯得較為內向或害羞。他們不太擅長在社交場合中主動，並且可能對建立新的友誼感到緊張。

- 相處方式：與他們相處時，最好是創造一個無壓力的環境，讓他們感到舒適。鼓勵他們參與活動，提供支持和鼓勵，幫助他們擴展社交圈並增強自信心。

6. 父母宮的九星為天芮星：
- 人格特質：代表長輩在家庭中顯得保守和固執，他們在處理家庭事務時可能堅持自己的方式，有時這種固執可能導致與年輕一代的衝突。
- 相處方式：需要耐心和尊重，在保持傳統、尊重他們觀點的同時，也可以慢慢引導他們接受新的想法和方法。

天沖星——在各宮位的特質與相處方式

1. 命宮的九星為天沖星：
- 人格特質：性格直接且行動迅速，他們常常表現出衝動和激情的一面。這樣的人喜歡挑戰，不懼風險，經常會因為其直言不諱和果斷的行事風格受到注目。在工作或生活中，他們通常是那些敢於第一個出手，且不畏困難的人。
- 相處方式：最好是提供足夠的空間讓他們展示自己的能力，在必要時提供穩定的支持和建議，幫助他們平衡他們的衝動，導向更加積極的結果。

2. 兄弟宮的九星為天沖星：
- 人格特質：性格表現出衝動直接、說話直白、冒失粗魯，代表一種有衝突且不合的兄弟關係，容易導致摩擦或爭執。
- 相處方式：重要的是建立有效的溝通橋樑，幫助他們學習冷靜，表達自己的同時也尊重他人的感受。也要學會欣賞並肯定他們的行動果敢、不畏艱難、勇於挑戰的勇氣。

3. 夫妻宮的九星為天沖星：
- 人格特質：表現為一個激情而直接的伴侶，這樣的人在感情關係中可能顯得特別直率，有時候他們的直接和衝動可能會帶來激烈的衝突或激情的愛。
- 相處方式：需要學會如何處理和回應他們的激情和率性，同時保持開放的溝通，幫助他們理解過於衝動可能帶來的衝突與後果。

4. 子女宮的九星為天沖星：
- 人格特質：可能指一個性急且易怒的年輕人，這種性格的年輕人可能在學習和生活中展現出極高的活力和衝動，但同時也可能因為缺乏耐心而容易發生衝突。
- 相處方式：對待這樣的子女，家長應該提供充足的支持和正面的引導。鼓勵他們參與體育或其他能夠合理發洩其能量的活動，同時教導他們如何控制自己的情緒和衝動。

5. 交友宮的九星為天沖星：
- 人格特質：在人際關係中朋友可能顯得非常直接和衝動，他們可能因為直率和不畏懼表達自己的意見而引起衝突。
- 相處方式：重要的是理解、接受他們的直接性，學習善用聆聽技巧和同理心，以化解衝突、建立更穩固和深入的人際關係。

6. 父母宮的九星為天沖星：
- 人格特質：可能代表一位性格衝動且直接的父母或長輩。這樣的長輩在家庭中，可能會因其直言不諱和急躁的性格而經常引發衝突及代溝。
- 相處方式：與這樣的父母或長輩相處時，建議保持耐心並試圖理解他們的立場和動機。在必要時提供穩定的反饋和支持，幫助他們看到事情的不同面向，並學會更加冷靜和耐心地處理家庭問題。

天輔星——在各宮位的特質與相處方式

1. 命宮的九星為天輔星：
- 人格特質：天輔星的人擁有極高的同情心和愛心，他們天生具有助人的精神和高尚的道德觀。這種人在生活中往往表現出極大的耐心和理解，善於聆聽他人

的需求，並樂於提供幫助。他們通常文化素養高，行為舉止彬彬有禮，具有很強的社會責任感。

2. **兄弟宮的九星為天輔星：**
   - 人格特質：代表對方是一個在家庭中極為關心和支持兄弟姊妹的人。他們在家族之中常常扮演和事佬或調解者的角色，努力維持家庭的和諧與穩定。
   - 相處方式：應當給予他們足夠的尊重和支持，鼓勵他們的關懷行為。

3. **夫妻宮的九星為天輔星：**
   - 人格特質：對象在感情關係中表現出極高的忠誠和奉獻精神。他們通常非常關心伴侶的福祉，願意為維持一段關係而做出諸多努力和犧牲。
   - 相處方式：重要的是要意識到他們的努力和犧牲，並給予適當的肯定和感激，讓他們知道他們的愛和努力是被珍惜的。

4. **子女宮的九星為天輔星：**
   - 人格特質：代表他是位極富同情心和理解力的年輕人。這些年輕人通常對周圍的人和事都抱有一種天生的關懷和照顧，往往願意為他人做出貢獻和犧牲。
   - 相處方式：對待這樣的子女，家長應當鼓勵和肯定他們的關懷行為，支持他們

天心星——在各宮位的特質與相處方式

1. **命宮的九星為天心星：**
   - 人格特質：他們在智慧和領導能力上表現突出，通常是團隊或組織中的核心人物。這種人具有高度的組織能力和策劃能力，善於管理和領導，能夠把握大

5. **交友宮的九星為天輔星：**
   - 人格特質：朋友常常是那種能讓每個人依靠的人。他們樂於助人，善於聆聽和解決他人的問題。
   - 相處方式：給予他們同等的關心和支持，讓他們知道在他們需要時，也可以依靠你。這樣可以建立一種互助互愛的關係，使友誼更加堅固。

6. **父母宮的九星為天輔星：**
   - 人格特質：代表他是一位非常關懷和照顧家庭的父母或長輩。他們通常願意為家庭成員提供支持和幫助，無論是情感上還是物質上。
   - 相處方式：最重要的是表達對他們的感激和愛，常常回報他們的關愛和努力，並確保他們也能感受到家庭中其他成員的關心和支持。

的個人成長，確保他們的奉獻精神不會影響到自己的幸福和發展。

局，並在困難面前展現出卓越的解決問題能力。

- 相處方式：應該表現出對他們智慧和決策的尊重，在需要做決定或解決問題時，可以信賴他們的判斷和能力。同時，也應該支持他們的領導，並在適當的時候提供幫助和建議。

2. 兄弟宮的九星為天心星：

- 人格特質：代表在家族中可能擔當領導角色的兄弟姊妹。這樣的人在家中常常是解決問題的人，擁有處理家庭事務的智慧和能力。
- 相處方式：應當鼓勵並支持兄弟姊妹發揮其領導才能，同時也提供必要的支持和信任，使他們能夠順利執行家庭職責。

3. 夫妻宮的九星為天心星：

- 人格特質：對象在感情關係中可能扮演領導和決策者的角色。這樣的伴侶通常聰明、有策略，懂得如何維繫和增進夫妻間的關係。
- 相處方式：在家庭或關係的重要決策中，可以讓他們發揮領導才能，同時也保持溝通的開放性，確保雙方都能參與到決策過程中。

4. 子女宮的九星為天心星：

- 人格特質：這些年輕人具有領導潛力和高度的智慧，往往在學校或其他社交圈中自然而然地成為領導者或是中心人物。

- 相處方式：對於這樣的子女，家長應該鼓勵和培養他們的領導才能和決策能力，提供他們機會去探索和發展自己的能力，同時教導他們如何使用自己的才能和智慧。

5. 交友宮的九星為天心星：
- 人格特質：朋友可能是群體的核心和策劃者。他們在社交活動中表現出色，善於組織和領導，能夠引領朋友共同參與各種活動和計劃。
- 相處方式：讚賞他們的組織能力和領導才能，參與他們的活動和計劃，同時提供意見和建議，使社交活動更加豐富和多元。

6. 父母宮的九星為天心星：
- 人格特質：可能代表一位具有高度智慧和領導力的父母或長輩。這樣的長輩在家庭中往往是決策者和領導者，他們的見解和決策對家庭有著重要的影響。
- 相處方式：最重要的是尊重和欣賞他們的智慧和經驗，在家庭決策或問題解決時，可以依賴他們的見解和指導，同時保持對他們的支持和感激。

天柱星──在各宮位的特質與相處方式

1. 命宮的九星為天柱星：

2. **兄弟宮的九星為天柱星：**
   - 人格特質：意味著與兄弟姊妹之間存在一定的競爭或衝突。這種性格的人喜歡證明自己的觀點，有時可能會與家人產生激烈的辯論。
   - 相處方式：最好鼓勵建設性的討論，學會聆聽並尊重彼此的意見，以避免不必要的衝突和爭吵。

3. **夫妻宮的九星為天柱星：**
   - 人格特質：對方在感情關係中可能表現出強烈的個性和獨立性，在互動中可能經常面對意見或看法的不同而產生辯論。
   - 相處方式：需要學會欣賞和挑戰彼此的想法，保持開放和誠實的溝通是關鍵，尊重對方的獨立思考，同時在衝突中尋找建設性的解決方案。

4. 子女宮的九星為天柱星：
- 人格特質：指出這些年輕人可能具有強烈的個性和獨立思考的能力，他們在學習和社交中可能表現出不願隨波逐流的特質，喜歡以自己獨特的方式處理問題。
- 相處方式：對於這樣的子女，家長應該提供支持和空間讓他們自由探索和表達自己。鼓勵他們的獨立性和創造性思考，同時教導他們如何在堅持自己的觀點時也能聽取和考慮他人的意見。

5. 交友宮的九星為天柱星：
- 人格特質：朋友在人際關係中可能表現出強烈的主張和個性。他們喜歡與思想獨立和具有挑戰性的朋友交往，常常吸引那些欣賞他們獨特性的人。
- 相處方式：應該欣賞他們的獨立思考和不畏懼挑戰的精神。支持他們的創新想法，同時也提供適當的反饋，幫助他們在保持個性的同時也能與他人建立和諧的關係。

6. 父母宮的九星為天柱星：
- 人格特質：可能代表一位具有強烈個性和獨立思考能力的父母或長輩。這類長輩可能在家庭中常常提出獨到的見解，有時可能與傳統觀念不合。
- 相處方式：重要的是尊重他們的意見和獨立性，給予他們表達自己見解的空間，同時創造開放溝通的氛圍，讓家庭成員的聲音都能被聽見並重視。

天任星——在各宮位的特質與相處方式

1. **命宮的九星為天任星：**
   - 人格特質：天任星的人擁有堅定的忠誠和強烈的責任感。他們常常表現出高度的誠實和忠心，常常樂於助人，不計較個人得失。然而，他們也可能顯得固執，難以適應變化。
   - 相處方式：需要給予他們信任和支持，尊重他們的原則和努力，同時在必要時幫助他們看到靈活變通的重要性，鼓勵他們接受新觀念和方法。

2. **兄弟宮的九星為天任星：**
   - 人格特質：意味著手足在家庭中扮演著支柱的角色，他們對兄弟姊妹非常忠誠和照顧。這種性格的人通常對家庭責任感強，常常承擔較多的家庭責任。
   - 相處方式：最好給予他們肯定和欣賞，讓他們知道他們的付出有被看見和感激。同時也鼓勵他們照顧好自己，確保不會因過度負擔而忽略自己的需求。

3. **夫妻宮的九星為天任星：**
   - 人格特質：在感情關係中表現出極高的承諾和忠誠，對伴侶極為忠實與負責，願意為維持和諧的關係做出許多努力。
   - 相處方式：要珍惜和回報他們的忠誠和努力，確保他們的犧牲和承諾不會被視

為理所當然，並鼓勵他們表達自己的需要。

4. **子女宮的九星為天任星：**
- 人格特質：可能表明這些年輕人對父母或家庭有強烈的忠誠和責任感。他們在學校和社交活動中可能表現出類似的責任心，經常是可靠和努力的學生。
- 相處方式：對於這樣的子女，家長應該積極肯定他們的責任感，同時教導他們如何平衡自己的責任和個人時間。

5. **交友宮的九星為天任星。**
- 人格特質：朋友在友誼中表現出強烈的忠誠和穩定性，是那種可以在困難時刻依靠的人，總是願意為朋友們站出來。
- 相處方式：應該珍惜和回報他們的忠誠與支持，保持對他們同等的承諾和可靠性，以維持長久和健康的關係。

6. **父母宮的九星為天任星：**
- 人格特質：代表他是一位極具責任感和忠誠的父母或長輩。這樣的長輩在家庭中是可靠的支柱，常常承擔家庭的重要責任和義務。
- 相處方式：表達對他們不懈努力和貢獻的感激，提供必要的支持和幫助，確保他們知道家庭成員也願意為他們提供支持和關愛，讓他們感受到家庭的共同責任。

天英星——在各宮位的特質與相處方式

1. **命宮的九星為天英星：**
   - 人格特質：天英星的人充滿活力和激情，他們性急且易怒，但同時也具有極強的個人魅力和領導才能。這種人喜愛成為注目的焦點，擁有出色的公關和社交技巧，常常能在人群中脫穎而出。
   - 相處方式：應該欣賞他們的熱情和領導力，同時幫助他們管理自己的情緒波動。

2. **兄弟宮的九星為天英星：**
   - 人格特質：手足的強烈性格可能導致家庭出現某些衝突，但也可能因其魅力和領導力而成為家族的核心人物。
   - 相處方式：重要的是學會管理和解決衝突，同時欣賞他們的熱情與積極。提供一個平台讓他們表現，但同時確保每個家庭成員都感到被尊重和包容。

3. **夫妻宮的九星為天英星：**
   - 人格特質：對方可能極具魅力和活力，但有時候也可能因為性急和好勝而在關係中帶來爭吵。他們擅長社交，熱愛成為眾人關注的焦點。
   - 相處方式：應該學會享受他們的活力和熱情，同時幫助他們在需要時保持冷靜和耐心。在關係中建立穩固的溝通和理解基礎，確保能夠共同成長和面對挑戰。

4. **子女宮的九星為天英星：**
   - 人格特質：他們可能極具個性、表達欲和活力四射，且善於表達自己。這種性格的年輕人可能在學校和社交活動中非常活躍，喜歡成為注意的中心。
   - 相處方式：對於這樣的子女，家長應該鼓勵他們的自信和表達能力，同時教導他們如何適當地管理自己的情緒和衝動。提供機會讓他們展現才能，同時確保他們學會尊重他人和合作。

5. **交友宮的九星為天英星：**
   - 人格特質：朋友可能是眾所周知的活躍分子。他們擁有天生的社交才能，能夠輕鬆吸引他人的注意和欣賞。
   - 相處方式：應該樂於參與他們的社交活動和計劃，同時提供穩定的支持和理解，幫助他們在需要時保持耐心和專注。

6. **父母宮的九星為天英星：**
   - 人格特質：可能代表一位具有強烈個性和活力的父母或長輩，但有時也可能由於他們的性急帶來一些衝突。
   - 相處方式：應該尊重他們的經驗和能力，同時幫助他們理解和適應家庭中可能存在的不同意見和風格。鼓勵開放和支持的溝通氛圍，使得每個家庭成員都能感到被重視和尊敬。

第三節 九星在「事的宮位」會發生什麼事與該如何應對

天蓬星——在各宮位會發生什麼事與該如何應對

1. **財帛宮的九星為天蓬星：**
   - 會發生什麼事：顯示出一種冒險與拚搏的投資行為，如投資高風險市場或從事大膽的計劃。這種不顧風險、貪求快速回報的投機性行為，容易遭致破財。
   - 建議如何應對：投資時要多加分析，不宜盲目跟風，尤其是在不穩定或不熟悉的市場中。

2. **疾厄宮的九星為天蓬星：**
   - 導致健康問題的原因：往往代表因過度冒險或疏忽大意而引起的健康問題。
   - 疾病的特性：病程變化快，可能轉移或快速發展影響至身體的多個部位，治療過程須隨時調整治療策略。
   - 建議如何應對：加強日常健康管理和預防措施，一旦出現健康問題，應迅速求醫，並根據病情變化靈活調整治療方案。

3. 遷移宮的九星為天蓬星：

- 會發生什麼事：在外際遇上，可能出現看似大好的生意或投資機會，卻因不顧風險或疏忽大意而引起破財；人際交往中可能表現出極端或風格鮮明的特色。
- 建議如何應對：在生意或投資上應小心謹慎，做好風險管理；在人際交往中，避免過於衝動或直接。

4. 事業宮的九星為天蓬星：

- 會發生什麼事：常指敢於冒險的職業選擇或業務擴張，如創業或進入新市場。雖然容易出現突然的業務或生意機會，但同時也可能伴隨著不小的風險和不確定性。
- 建議如何應對：建議在事業決策時進行充分的市場研究和風險評估。適時求助於經驗豐富的顧問或合作夥伴，以獲得更全面的視角和支持。在追求快速成長的同時，應謹慎管理財務狀況，防止資金鏈斷裂。

5. 田宅宮的九星為天蓬星：

- 會發生什麼事：可能帶來意外的財富增加或是因冒險性投資而造成重大損失；在家庭關係方面，可能帶來一定的壓力和衝突，特別是與財務決策相關的事項。可能因投資失誤導致家庭成員之間的緊張或不和。
- 建議如何應對：在進行房地產投資時，應該更加謹慎，避免過度冒險的決策，

天芮星──在各宮位會發生什麼事與該如何應對

1. **財帛宮的九星為天芮星：**
   - 會發生什麼事：通常顯示出經濟上有問題，常常與經濟緊縮、收入減少或財務問題相關。
   - 建議如何應對：建議更嚴謹地做財務規劃，避免不必要的開支，並尋找提高收入的穩定方式。投資上，應選擇低風險且穩健的項目，避免冒險性高的投資。

2. **疾厄宮的九星為天芮星：**
   - 導致健康問題的原因：往往與長期潛伏或慢性病症相關，可能因為忽視初期症狀而導致病情惡化。

6. **福德宮的九星為天蓬星：**
   - 會發生什麼事：可能因過度放縱而導致問題。
   - 建議如何應對：在追求個人興趣和嗜好時，應保持自制力，避免過度放縱而帶來可能潛在的健康或財務問題。

特別是在高價地段投資應做好充分的市場分析和風險評估。家庭成員之間應增強溝通，共同參與財務規劃和投資決策，以防家庭內部因經濟問題而產生矛盾。

3. 遷移宮的九星為天芮星：
- 會發生什麼事：個人在外際遇，可能面臨外出工作或求學時的挑戰和困難，如難以融入新環境或與同事、同學之間有摩擦。人際交往可能表現出較為保守或拘謹，難以開展廣泛的人脈。
- 建議如何應對：可以嘗試主動出擊，逐步建立信任和關係，避免因過於保守而錯失機會。

4. 事業宮的九星為天芮星：
- 會發生什麼事：可能表示職場上的挑戰或發展遲緩，如事業停滯不前，晉升機會稀少，或是創業過程中遇到重重阻礙。
- 建議如何應對：建議保持耐心並尋找提升個人技能和專業能力的機會，可考慮在學習與人際關係方面的拓展，有助於未來事業上的機會和翻轉。

5. 田宅宮的九星為天芮星：
- 會發生什麼事：這可能意味著在不動產投資上遭遇停滯或增值緩慢。經濟壓力

疾病的特性：代表病灶、病的部位或病因往往需要長期且持續的治療，可能涉及慢性疾病或重複出現的健康問題。
- 建議如何應對：應積極進行健康檢查，對於任何異常症狀都不應忽視。在醫治上，宜採取治本的方法，尋找並解決病因，而非僅止於治療症狀。

天沖星——在各宮位會發生什麼事與該如何應對

1. 財帛宮的九星為天沖星：

- 會發生什麼事：通常代表會有激進和衝動的財務行為，如快速投資或大量消費。這種星位常與突然財富增加或重大損失相關，起因於衝動或有風險的行為。
- 建議如何應對：建議採取更為謹慎和計劃性的財務策略。避免衝動購買和高風險投資，增加財務規劃的穩定性和安全性。

6. 福德宮的九星為天芮星：

- 會發生什麼事：可能表現為精神上的壓力或混亂，可能因為生活中的不確定性或挑戰而感到焦慮。
- 建議如何應對：建議尋求精神或心理方面的支持，如冥想、瑜伽或諮詢心理諮詢等活動，有助於提升內在平靜和應對壓力的能力。

或投資不利可能對家庭關係造成壓力，導致某些緊張和不和。

- 建議如何應對：在投資房產時應考慮長期持有和穩定收益，而非追求快速升值。家庭內部應增強溝通，共同面對經濟挑戰，積極創造和諧的家庭環境。

2. 疾厄宮的九星為天沖星：

- 導致健康問題的原因：可能代表因過度活躍或冒險的行為導致健康問題，如運動傷害或由於冒險活動而引發的意外。
- 疾病的特性：代表病情發展速度快，可能是突然爆發的急性病狀。這些情況需要快速且果斷的醫療介入。
- 建議該如何應對：建議增加日常安全措施，特別是在從事高風險活動時。醫治上須即刻且快速，確保獲得及時和有效的治療。

3. 遷移宮的九星為天沖星：

- 會發生什麼事：可能代表行程無法預測且突然，如臨時安排的旅行或急迫的出差。在外可能遇到意外或突發事件，這些事件既可能是負面的，也可能是正面的，如突如其來的商機。人際交往可能表現出急躁或衝突。
- 建議如何應對：在外出差或旅行時，應小心謹慎、注意安全，尤其是意外事故。在人際交往中，建議學習控制情緒，避免不必要的衝突，同時保持開放和暢所欲言的溝通風格。

4. 事業宮的九星為天沖星：

- 會發生什麼事：在此期間，工作表現出行動力強，做事勇往直前。但也因為衝太快，易與人發生衝突。

5. **田宅宮的九星為天沖星：**
   - 會發生什麼事：可能導致房產或家庭財富的快速變動，這可能表現為房產市場急劇波動或快速資產重組。家庭成員之間可能因溝通不良，造成衝突對立。
   - 建議如何應對：在處理房產和家庭財務時，應考慮到市場的不穩定性，避免因衝動過度投資於高風險區域。家庭關係方面，建議增強家庭成員之間的溝通，避免因衝突而產生矛盾。
   - 建議如何應對：應保持耐心冷靜，避免情緒激昂或過於直接與人發生衝突。積極擁抱變化，同時尋求方法，在動態環境中找到穩定和諧。

6. **福德宮的九星為天沖星：**
   - 會發生什麼事：可能引發個人在精神或心理層面的急劇波動，如情緒的快速變化或生活態度的突然轉變。
   - 建議如何應對：建議增強個人的情緒調節能力，透過冥想、心理諮詢或其他形式的自我照顧來管理情緒和心理狀態。

天輔星——在各宮位會發生什麼事與該如何應對

1. **財帛宮的九星為天輔星：**
   - 會發生什麼事：通常表現為穩定且持續的財富增長，這種星位常與理性投資和財務支援相關。
   - 建議如何應對：建議採取保守和計劃性的財務策略，專注於長期資產的積累和增值。投資時，應選擇那些有穩定回報的項目，避免追求短期的高風險投機。

2. **疾厄宮的九星為天輔星：**
   - 導致健康問題的原因：可能與慢性病或持續性健康問題有關，這些問題往往需要長期的照顧和管理。
   - 疾病的特性：代表病的特性是傳染、感染。在天輔星的影響下，疾病可能需要長期的關注和治理，尤其是關於傳染性疾病的防治。
   - 建議該如何應對：建議增強個人和家庭的衛生習慣，特別是在流行病期間。對於長期或慢性健康問題，應定期進行醫療檢查，並遵循醫生的指示持續治療。

3. **遷移宮的九星為天輔星：**
   - 會發生什麼事：個人在外際遇可能會遇到貴人或得到幫助的機會，如工作或學習中獲得指導和支持。在人際關係中，天輔星促進友好的互動和協助，有助於

4. **事業宮的九星為天輔星：**
   - 會發生什麼事：代表工作職場中或學習上能獲得支持和指導，有利於職業發展和團隊協作。
   - 建議如何應對：建議加強與同事、上司的溝通，積極加入專案或活動，職業發展的機會。應把握任何學習和成長的機會，進一步提升自己的專業能力和市場競爭力。

5. **田宅宮的九星為天輔星：**
   - 會發生什麼事：表現為家庭財富的穩定增長和安全性，有助於穩固財務基礎。
   - 建議如何應對：致力於創建一個支持性強的家庭環境，提高家庭生活的質量。

6. **福德宮的九星為天輔星：**
   - 會發生什麼事：可能帶來心靈的平和與內在成長，促進精神生活的豐富和個人的內在探索。
   - 建議如何應對：建議深入探索個人的精神世界，參與心靈成長的學習或活動，

建立穩固和支持性的關係。
   - 建議如何應對：應好好把握這額外的支持和資源，在外工作或學習時，應主動尋求並珍惜可得的幫助和指導。

天心星——在各宮位會發生什麼事與該如何應對

如冥想、瑜伽或心理諮詢。這不僅能增強個人的內在平靜，也有助於實現更大的生活滿意度和精神福祉。

1. 財帛宮的九星為天心星：
   - 會發生什麼事：通常代表有聰明的財務策略和優秀的資金管理能力。這種星位可能帶來創新的投資機會或智慧型的財富增長方式。
   - 建議如何應對：建議用創新和智慧的方式來做財務決策。進行投資前應做好充分的市場研究，利用技術或數據分析來優化投資組合。

2. 疾厄宮的九星為天心星：
   - 導致健康問題的原因：可能代表因精神壓力或心理問題而引起的健康問題。
   - 疾病的特性：代表病源屬於內因，如心理因素對身體健康的影響。又代表頭、心臟等重要器官的問題。
   - 建議如何應對：建議加強心理健康的照顧，進行定期心理諮詢或參加減壓活動。對於心臟或頭部的問題，應定期進行專業醫療檢查，及早治療。

3. 遷移宮的九星為天心星：

4. **事業宮的九星為天心星：**
- 會發生什麼事：顯示出強烈的職業抱負和領導才能，可能升遷至管理或高級決策的位置。
- 建議如何應對：應發揮自己的領導才能和組織能力，尋求更高層次的職業發展機會。同時，持續提升個人的策略規劃和團隊管理能力。

5. **田宅宮的九星為天心星：**
- 會發生什麼事：家庭財富的積累可能增加，利於教育、醫藥、科技或心靈成長領域的投資。家庭的重要性高，家庭成員間的交流更注重知識和訊息的共享。
- 建議如何應對：應利用資源投資於教育、醫藥、科技或心靈成長領域，提升家庭成員的整體素質和生活品質。

6. **福德宮的九星為天心星：**
- 會發生什麼事：可能帶來精神上的啟發和心靈的成長，促進個人的內在探索和

天柱星——在各宮位會發生什麼事與該如何應對

1. **財帛宮的九星為天柱星：**
   - 會發生什麼事：可能帶來財務上的挑戰和波動，獨特和非傳統的財務行為，可能引起意外的經濟狀況，如突然的財務損失。
   - 建議如何應對：建議在財務決策上保持謹慎，避免過於冒險的投資。應加強財務規劃和風險管理，並備有策略以應對突發財務變化。

2. **疾厄宮的九星為天柱星：**
   - 導致健康問題的原因：可能表示健康問題與個人的行為或環境有關，如生活方式不當或在有害環境中工作。
   - 疾病的特性：代表得病的條件或溫床為外因，健康問題可能是職業病或由環境因素引起。
   - 建議如何應對：應改善生活和工作環境，減少暴露在有害因素中。調整成健康

- 哲學思考。
- 建議如何應對：建議深入探索個人的精神世界，可參與心靈成長活動，如參加哲學講座、研討會或進行靈性修練，都能豐富個人的內在生活和精神層面。

3. **遷移宮的九星為天柱星：**
   - 會發生什麼事：可能在外容易遇到一反常規的挑戰、意外或變故，需要創新和靈活的應對策略。人際交往上可能表現出強烈的個人風格，有時可能會因特立獨行、直言不諱或跟人唱反調引起衝突、矛盾。
   - 建議如何應對：應準備好應對意外情況，保持靈活和開放的態度。在人際交往中，學會適當地表達自己的觀點，同時尊重他人。

4. **事業宮的九星為天柱星：**
   - 會發生什麼事：天柱星在事業宮可能表示在職業上面臨非傳統的挑戰或需要解決複雜問題的能力。這種星位有時候也代表創新或革新的職業道路。
   - 建議如何應對：在職業生涯中尋求創新和打破常規的方法。不懼挑戰，勇於接受和解決新問題，可以開創新的職業機會或改善現有的工作狀況。

5. **田宅宮的九星為天柱星：**
   - 會發生什麼事：房產或家庭財富可能面臨意外與變化，家庭成員之間容易引起口舌之爭或辯論爭執。
   - 建議如何應對：在處理房產和家庭財務時，應秉持開放的思維，探索創新的可能性。家庭關係中，應鼓勵開放和坦誠的溝通，共同應對特殊的挑戰。

天任星——在各宮位會發生什麼事與該如何應對

1. 財帛宮的九星為天任星：

- 會發生什麼事：天任星為財星，顯示出穩定且持續增長的財務狀況，可考慮投資或置產。
- 建議如何應對：在保持現有穩定財務狀況的同時，逐步尋求一些新的投資機會。適當增加投資組合的多樣性可以降低風險並增加潛在收益。

2. 疾厄宮的九星為天任星：

- 導致健康問題的原因：健康問題可能由於保守或固執的生活方式所導致，例如因不願改變飲食或運動習慣而引起的慢性疾病。
- 疾病的特性：病情發展緩慢。這類疾病通常是長年積累的結果，需要長期且持

6. 福德宮的九星為天柱星：

- 會發生什麼事：可能遇到挑戰傳統價值觀的事，促使個人對自我和生活哲學進行深刻反思。
- 建議如何應對：積極探索個人的內在價值和信念，勇於面對並接受自我改變的過程。

3. **遷移宮的九星為天任星：**
   - 會發生什麼事：在保守或傳統的工作或社交環境，可能限制新的機會或創新的發展。在人際交往上可能表現得過於保守或拘謹，有時難以適應新的或不同的社交情境。
   - 建議如何應對：嘗試多一些靈活和開放性，有助於適應突發情況。若在工作與社交中帶入更開放和創新的方法，將可能帶來新的機會。
   - 建議如何應對：及早改變生活方式，採取更積極的健康管理，如定期健康檢查或提前介入，可以有效管理慢性疾病。
   - 續的關注和治療。

4. **事業宮的九星為天任星：**
   - 會發生什麼事：可能在工作事業中表現出堅持和耐心，也代表工作的責任增加，或可能因保守和不願變通而錯過機會。
   - 建議如何應對：建議在保持專業穩定性的同時，逐步探索新的職業道路或改進方法。接受進一步的教育或培訓，以增強適應新挑戰的能力。除了工作與生活須尋求適當的平衡，也要留意身體的健康狀態，工作忙錄之餘多放鬆休息。

天英星──在各宮位會發生什麼事與該如何應對

1. **財帛宮的九星為天英星：**
   - 會發生什麼事：天英星在財帛宮時，通常帶來快速的變動或時而浮動的財務變

5. **田宅宮的九星為天任星：**
   - 會發生什麼事：可能表現為家庭財富的累積與增加，尤其來自於不動產。與家人的關係可能較為傳統和穩定，但偶爾也可能因家庭成員之間的固執己見而出現摩擦。
   - 建議如何應對：在投資及管理財產時，應考慮到其獨特的優勢與限制，如何有效利用這些特點來增值。在家庭關係方面，應鼓勵更靈活的溝通方式或安排家庭活動，突破一成不變的生活模式，讓家人間的感情加速升溫。

6. **福德宮的九星為天任星：**
   - 會發生什麼事：天任星在福德宮可能表現為對傳統價值和信仰的堅持，這可能帶來心靈上的穩定，但也可能限制思想的開放性和接受新想法的能力。
   - 建議如何應對：建議探索和學習不同的文化和哲學思想，以豐富自己的精神生活，擴展視野。

化。這種星位可能引起意外的財富機會，如突然的投資收益或大筆遺產，但也可能伴隨著財務風險。
- 建議如何應對：在追求財富的同時，應加強風險管理和財務規劃，保持謹慎的投資策略，並準備好應對可能的財務波動。

2. 疾厄宮的九星為天英星：
- 導致健康問題的原因：天英星在疾厄宮可能顯示因生活節奏過快或壓力大引起的健康問題，如壓力相關疾病。
- 疾病的特性：代表是表症、表象、虛象。疾病可能是急性的，表現明顯，但實際潛在的問題可能需要更深入的調查和治療。
- 建議如何應對：應積極管理生活壓力，採取健康的生活方式，並定期進行健康檢查以預防和及早發現潛在的健康問題。

3. 遷移宮的九星為天英星：
- 會發生什麼事：可能遇到才華、能力展現的機會，有助於提升知名度、社交關係與拓展人脈。可能在社交場合中顯得熱情且主動，容易吸引他人注意。不過也須注意因個性急躁或操之過急而引起的口舌爭吵與衝動。
- 建議如何應對：多參加社交活動，積極把握展現自我才華的好機會，並在工作和人際交往中平衡衝動與理智。

4. 事業宮的九星為天英星：
- 會發生什麼事：天英星在事業宮通常會帶來展現自我和出人頭地的機會，但這些機會也可能伴隨著不穩定性和變數。
- 建議如何應對：把握任何職業上的機會，特別是那些能明顯表現自我才華、提升事業地位的機會。同時，應準備應對職業生涯中可能出現的起伏，保持持續性和穩定性。

5. 田宅宮的九星為天英星：
- 會發生什麼事：天英星可能帶來房產或財富的變動，特別斟酌是否投資於風險過高的領域，切勿因急於求成或一時衝動而導致財務上的損失。與家人的關係可能因心急而產生口角，造成壓力或爭執。
- 建議如何應對：在房產和財務投資上，應評估風險和回報，避免過度衝動。在家庭關係方面，應加強溝通，培養耐心，確保所有家庭成員能彼此理解、體諒。

6. 福德宮的九星為天英星：
- 會發生什麼事：天英星在福德宮可能帶來精神上的激情和創造力，但也可能帶來某些心理上的不穩定或衝動。
- 建議如何應對：建議發揮創造力和激情，同時學習如何管理和引導這些情緒以保持心理和情感的健康。

第 6 堂課

奇門八門符號的象徵

第一節 八門符號的象徵含意

八門包含：休門、生門、傷門、杜門、景門、死門、驚門、開門。

八門可以代表人，也可以代表事，以下將分為這兩大面向分別說明。

【如果八門代表人】

「門」代表一個人的狀態，也包括他對外與人交往或對一件事，是抱著怎樣的心態或行為。

1. 休門（吉門）：

輕鬆愉悅，和順平靜，安然自得，語音溫和，隨遇而安。漫不經心，悠閒懶散，倦怠，沒有活力。

2. 生門（吉門）：

有生氣的人，有活力的人，朝氣蓬勃的人，樂觀向上的人。理財觀念強。

3. 傷門（凶門）：

做事有行動力，敢競爭，喜獵取爭勝，做事果斷率性。性急直爽急躁，說話不拐彎抹角，敢賭好賭，做事不計後果，易傷害對方；或受傷、傷心、傷痛之人。

4. 杜門（凶門）：

文靜，害羞內向，不愛說話，講話遮遮掩掩，有難言之隱或不善表達，動作緩慢。喜歡關起門來研究技術或學問之人，擁有一技之長或專業知識的人。

5. 景門（吉門）：

外表美貌漂亮或帥氣，喜化妝打扮，追求流行。喜歡表演，能說會道，知書達理，有願景理想。虛榮心強，自我欣賞，脾氣急躁，做美夢（想得美）的人，喜歡幻想的人。

6. 死門（凶門）：

遲鈍不靈活，呆板木訥，保守內向，循規蹈矩，死板不變通，固執，死心眼。死氣沉沉，不開心，生悶氣。處於低潮、一心一意執著的人。

7. 驚門（凶門）：

口才一流，能說會道，嘴閉不上、聲音宏亮之人。膽小，擔心害怕，容易受到驚嚇，驚慌、不安恐懼的人。易與人爭吵、引來口舌是非，或惹上官司的人。

8. 開門（吉門）：

為人坦誠公開、開朗開明的人，思想包容開放，不拘小節，豁達爽朗，談吐不凡，有開拓精神、開創之人。

【如果八門代表事】

「門」象徵人和，八門主要會影響一件事的狀態及是否得人和為吉門；狀態不利、不得人和為凶門。八門也具體地代表它是什麼事，或會發生什麼事。

八門反應一件事的狀態，即是否得人和，顧名思義，門也代表門戶，門路，做事的方式、方法與途徑。遇吉門則代表該事的狀態佳，得人和，得道多助，做事時有門路，有途徑，方法正確，事能順利發展，暢行無阻，事半功倍，會發生好事；遇凶門則該事的狀態不佳，不得人和，做事時不得其門而入，沒有途徑，找不到路或方法不正確，做事窒礙難行，阻力大，事倍功半，會發生壞事。

1. **休門（吉門）**：
感情戀愛，婚姻家庭，休養、退休、休假、休息，旅遊。懶散，休止、結束（工作事業），潛伏、修復（疾病）。拜訪貴人或領頭上司。調停，和解，平息紛爭（衝突或官司）。

2. **生門（吉門）**：
生意、生財、賺錢，收入增加，財運。房屋，土地，買房。生長、健康活躍。懷孕生產。

3. **傷門（凶門）**：
受傷、傷災意外，車禍，開刀。傷痛、傷心、傷身。破壞（物品或身心受傷）。

車子（與車子有關如車禍受傷）。捕捉追捕，討債。競爭競賽，賭博，爭鬥，打鬥。

4. 杜門（凶門）：
運勢受阻、阻隔，困難，限制，藏匿。研究研發，杜絕外界的一切專心研究知識或搞技術。

5. 景門（吉門）：
前景光明（工作事業），華麗亮麗。旅遊，美麗風景，喜事喜慶酒宴，計劃規劃，訊息消息，血光意外。從事表演、影視媒體、宣傳廣告、圖書文化藝術、電子通訊電腦、美容美體、時尚流行、化妝用品、衣服裝飾等。

6. 死門（凶門）：
死亡，土地，地皮。低潮，不開心，死心，受困。結束，奔喪。

7. 驚門（凶門）：
受驚，驚恐，擔心害怕。口舌是非，官司訴訟，犯小人。

8. 開門（吉門）：
開創事業（開公司、開店面、創業），奮發向上，開拓發展。官運順遂、升遷。開刀。

第二節 八門在「人的宮位」的人格特質與相處方式

休門——在各宮位的人格特質與相處方式

1. **命宮的八門為休門：**
   - 人格特質：表示此人在心理和性格上傾向追求和平、安靜的生活狀態。他們喜歡穩定的環境，避免衝突和壓力，通常性格溫和、態度隨和，不喜歡強烈的競爭或是過度的忙碌。他們可能在壓力下顯得消極，缺乏動力。
   - 相處方式：給予他們足夠的私人空間和寧靜的環境，避免對他們施加過大的壓力或期望，並在交流時保持溫和的語調和態度，提供支持和安慰，幫助他們在需要時找到動力和方向。

2. **兄弟宮的八門為休門：**
   - 人格特質：象徵其兄弟姊妹通常性格平和、不喜歡爭鬥，偏愛安靜的生活方式。他們在人際交往中較為被動，避免衝突，善於聆聽他人。
   - 相處方式：避免對他們施壓或強迫他們參與競爭性或高壓的活動。尊重他們的

3. **夫妻宮的八門為休門：**
   - 人格特質：代表其配偶偏好平靜的生活，不喜歡太多社交應酬，偏好與少數親近的人深度交往，喜歡安靜的二人世界或家庭聚會。
   - 相處方式：創造一個安靜和諧的家庭環境，避免不必要的外界干擾，避免強迫對方參與不感興趣的社交場合。在日常生活中，多提供情感支持和理解，共同享受平靜的時光。

4. **子女宮的八門為休門：**
   - 人格特質：在子女宮的休門象徵晚輩、子女或下屬偏好平和的生活方式，避免競爭和衝突。這些人通常性格較為溫和，不喜歡高壓環境，偏愛安靜和舒適的學習或工作空間。他們可能不太會主動尋求突破，而是滿足於現狀。
   - 相處方式：提供一個支持性強的環境，鼓勵他們以自己的節奏成長和學習。避免過度壓迫或催促，而是透過鼓勵和正面的反饋來激勵他們。理解他們對於安全感的需求，給予足夠的愛和關注。

5. **交友宮的八門為休門：**
   - 人格特質：顯示其朋友或同事喜愛安穩的社交方式，偏好深層而非廣泛的人際

生門——在各宮位的特質與相處方式

1. 命宮的八門為生門：

- 人格特質：具有旺盛的生命力和積極的生活態度。這類人通常朝氣蓬勃，充滿活力，樂觀進取，面對困難時能展現出強大的抗壓能力和恢復力。他們對於新

5. 父母宮的八門為休門：

- 人格特質：意味著長輩、父母或上司通常具有和平且穩定的性格特徵，偏好一個無爭執且和諧的家庭或工作環境。這類人在處理家庭或工作事務時，通常尋求和解而非對抗。

- 相處方式：展現出尊重和體貼的態度，避免引發衝突或爭吵，並在可能的情況下，選擇和平的解決方案。積極聆聽他們的意見和需要，並考慮他們的感受和建議，共同創造一個穩定和諧的關係。

- 相處方式：保持真誠和輕鬆的交流方式。避免將他們置於社交壓力之下，尊重他們的偏好，提供一個支持和理解的環境，讓他們感到舒適和接納。

關係。這些人可能不喜歡社交場合中的競爭或表現，會感到有壓力，更偏愛舒適和非正式的聚會。

2. 兄弟宮的八門為生門：

- 人格特質：象徵其兄弟姊妹或密切同伴充滿活力、積極向上。這些人熱情開朗，善於社交，常常是團體中的活躍分子，喜歡組織和參與各類活動。
- 相處方式：保持開放和積極的態度，積極參與他們的活動和計劃，提供支持和資源，幫助他們實現集體目標。

3. 夫妻宮的八門為生門：

- 人格特質：代表配偶具有極強的活力和樂觀精神，面對生活的挑戰和困難能保持積極的態度。他們樂於分享，對家庭生活充滿熱情和創造力，能夠帶來積極的家庭氛圍。
- 相處方式：一同共享他們的樂觀和熱情，鼓勵、支持他們的興趣愛好，保持開放、正面的溝通，一起面對生活中的挑戰。

4. 子女宮的八門為生門：

- 人格特質：象徵晚輩、子女或下屬充滿生命活力和積極進取的精神。這些人通

5. 交友宮的八門為生門：
  - 人格特質：顯示其朋友或同事擁有高度的活力和積極的社交能力。他們樂於與人交流，善於建立廣泛的社交網絡，常是社交場合的中心人物。
  - 相處方式：保持活躍和開放的交流方式。參與他們的社交活動，共享他們的興趣和熱情。
  - 相處方式：重要的是提供他們探索世界的機會，鼓勵他們的探索精神和自我表達，提供適當的指導和支持，參與他們的學習過程和活動。

常好奇心強，喜歡學習新知識和技能，對未來充滿希望和期待。

6. 父母宮的八門為生門：
  - 人格特質：表示長輩、父母或上司積極進取、充滿活力。這些人在家庭或職場中常常是推動者，具有前瞻性和解決問題的能力。他們善於激勵他人，提供指導和支持，常是團隊的精神支柱。
  - 相處方式：積極響應他們的指導和建議。展示出願意學習和進步的態度，共享他們的經驗和智慧，並從他們的經驗中學習和成長。

傷門——在各宮位的特質與相處方式

1. **命宮的八門為傷門：**
   - 人格特質：象徵此人具有高度的行動力和競爭精神。他們通常做事果斷，喜歡接受挑戰，有著強烈的爭勝欲望。他們擁有冒險精神，但有時會因不計後果的決策而遭受損失。
   - 相處方式：保持開放和直接的溝通方式。尊重他們的競爭性和獨立性，但在必要時提供建設性的反饋，幫助他們考慮決策的後果。

2. **兄弟宮的八門為傷門：**
   - 人格特質：兄弟姊妹往往表現出強烈的競爭力和行動力。他們善於發起和參與競爭，不論在工作或是遊戲中都追求第一。這些人可能會因為過於追求勝利而忽略團隊的和諧。
   - 相處方式：學會欣賞他們的勝利欲望和行動力，給予他們展示能力的機會，同時引導他們學習如何合作與維護和諧，以避免不必要的衝突。

3. **夫妻宮的八門為傷門：**
   - 人格特質：伴侶可能具有強烈的獨立性和競爭精神。這種人在伴侶關係中可能表現出強烈的自我表達需求，有時可能不願意妥協或讓步；有時可能會因太過

> 第 6 堂課 ｜ 奇門八門符號的象徵

● 相處方式：重要的是學會良好的溝通和解決衝突的技巧。提供足夠的空間給予他們表現自我，同時在關鍵時刻提供支持和理解。

4. **子女宮的八門為傷門：**

● 人格特質：子女或晚輩具有競爭意識和獨立性，這些年輕人可能表現出強烈的自我主張，喜歡挑戰和冒險，但有時可能因為過於衝動而遭遇困難。

● 相處方式：提供指導和支持，幫助他們發展良好的判斷和自我控制能力，同時也教導他們如何考慮他人的感受和後果。

5. **交友宮的八門為傷門：**

● 人格特質：朋友可能具有高度的競爭力和行動力，這些人在職場或社交活動中喜歡爭論和辯論，有時可能因此與人發生衝突。

● 相處方式：學會如何處理競爭和衝突，在必要時介入調解，幫助他們學會如何保持尊重和團隊合作。

6. **父母宮的八門為傷門：**

● 人格特質：父母可能在家庭或工作中常常採取主導和控制的方式，喜歡挑戰和競爭。他們的決策風格通常果斷，有時可能顯得專制。

● 相處方式：學會表達自己的意見，同時保持尊重和理解。在與他們合作時，展

杜門──在各宮位的特質與相處方式

示出能力和自信，但也要學會適時的妥協與合作。

1. **命宮的八門為杜門：**

- 人格特質：象徵此人內向、害羞，不喜歡過多地表露自己。他們可能在人群中保持沉默，選擇在背後默默支持而非站在前台。這類人通常思考深刻，喜愛獨處，擅長從事需要長時間專注和細緻觀察的工作。
- 相處方式：給予他們足夠的私人空間，尊重他們的隱私。在交流時應該耐心聆聽，避免過於強硬或直接的溝通方式。鼓勵他們表達自己，但不要施加壓力，應該以溫和的態度接納他們的意見和感受。

2. **兄弟宮的八門為杜門：**

- 人格特質：通常是寡言少語、性格內向的人。他們可能在家庭聚會或社交場合中不太活躍，選擇在一旁觀察而非參與。這些人在做決定時可能較為謹慎，喜歡獨立完成任務，不太依賴他人。
- 相處方式：尊重他們的性格特點，不強迫他們參與不感興趣的活動。在需要表達意見或進行決策時，給予他們時間和空間來思考和準備。保持溝通的開放和

第 6 堂課 奇門八門符號的象徵

3. 夫妻宮的八門為杜門：
- 人格特質：象徵配偶可能非常內向、害羞，不擅長表達情感和想法。這種人可能需要更多時間來敞開心扉，並在信任建立後才能更好地溝通和交流。
- 相處方式：重要的是建立起安全感和信任。透過持續的支持和耐心，讓他們感到被理解和接納。在溝通時使用更柔和、更富有同理心的方式，並鼓勵他們分享自己的感受和想法。

4. 子女宮的八門為杜門：
- 人格特質：晚輩或子女可能比較內向、害羞，不喜歡成為注意的中心。在學校或與同齡人的互動中，他們可能選擇退居二線，喜歡獨立完成學習和任務。
- 相處方式：鼓勵和支持他們自信地表達自己。透過正面的反饋和鼓勵，幫助他們增強社交技巧和自信心。提供安全的環境讓他們可以自由表達，同時教導他們如何在需要時向他人敞開心房。

5. 交友宮的八門為杜門：
- 人格特質：表示其朋友或同事可能非常內向保守。在工作或社交活動中，這些人傾向保持低調，避免過多的社交互動，並在團隊中偏向擔任支持性角色。
- 相處方式：展現出包容和理解的態度。需要他們參與討論或決策時，給予他們

6. 父母宮的八門為杜門：
- 人格特質：長輩、父母或上司可能是內向、害羞且不喜歡公開表達自己的人。他們可能不是很善於表達情感或指導他人，更傾向於透過行動而非言語來展示關懷和支持。
- 相處方式：尊重他們的溝通方式和個人特質，提供一個安全和支持的環境，鼓勵他們在舒適的範圍內表達自己。

景門——在各宮位的特質與相處方式

1. 命宮的八門為景門：
- 人格特質：象徵著此人外表具魅力、擅長社交，且喜歡成為人群的焦點。這類人喜愛追求流行，對於時尚和美學有著獨到的見解，有時可能顯得虛榮或自我中心。
- 相處方式：欣賞他們的創意和表達能力。在社交場合中支持他們，讓他們有機會展現自己。同時，幫助他們保持謙虛，提醒他們注意與他人的互動，不光是渴望關注或自我展示。

2. 兄弟宮的八門為景門：
   - 人格特質：兄弟姊妹個性通常外向而有魅力，他們在社交活動中表現活躍，喜歡吸引他人的注意。這些人擁有優異的社交技巧，擅長調節氣氛，使他們在任何社交圈中都相當受歡迎。
   - 相處方式：參與並享受他們創造的樂趣和活動，鼓勵他們的社交傾向，同時幫助他們在追求個人魅力時保持真實和謙虛。

3. 夫妻宮的八門為景門：
   - 人格特質：意味著配偶具有非常好的外貌和社交能力，他們擅長用魅力和說服力來影響他人。這類配偶可能非常注重外表和社會形象，喜歡參加社交活動和聚會。
   - 相處方式：支持他們的社交生活，同時確保你們的關係中有足夠深度和私密的時光，幫助他們平衡社交活動和家庭生活。

4. 子女宮的八門為景門：
   - 人格特質：通常非常注重外表和社交，具有很強的表達能力和社交技巧。這些年輕人可能非常關注流行趨勢，喜歡與人交往，並擅長在社交媒體上展示自己。
   - 相處方式：鼓勵他們發展自己的社交技能，同時教導他們如何保持真實和謙虛。支持他們的創意表達，同時引導他們理解內在價值的重要性。

死門——在各宮位的特質與相處方式

1. 命宮的八門為死門：

- 人格特質：象徵這個人可能比較保守、內向，對於變化持有抵抗感。他們可能顯得比較固執，做事循規蹈矩，不喜歡冒險或改變。這樣的人可能在情緒上顯得比較低落，有時會感到孤獨或被忽略。

6. 父母宮的八門為景門：

- 人格特質：長輩或上司在社交和職業場合中極具魅力和影響力。他們善於動用自己的人脈資源和影響力來推動事業發展。
- 相處方式：學習如何利用他們的社交技巧和人脈，尊重和欣賞他們的領導和社交能力。

5. 交友宮的八門為景門：

- 人格特質：朋友在社交場合中非常活躍，具有吸引人的外表和風格。他們擅長語言和表達，能夠輕鬆吸引周圍人的注意和興趣。
- 相處方式：可以享受他們帶來的活力和創造的社交機會。在支持他們的同時，幫助他們維持人際關係的深度，確保他們不只有重視表面的互動。

● 相處方式：給予他們穩定和預測性的環境，尊重他們的習慣和做事方式，避免強迫他們接受快速的變化。在情感上提供支持，鼓勵他們開放心扉，表達自己的感受。

2. 兄弟宮的八門為死門：

● 人格特質：兄弟姊妹可能性格較為保守和內斂，他們在處理關係或情感可能較為消極，不太願意表達自己的感受，通常保持距離，較矜持。

● 相處方式：最重要的是建立信任和理解，耐心地聆聽他們的想法和感受，逐步鼓勵他們參與更多的社交活動。

3. 夫妻宮的八門為死門：

● 人格特質：意味著配偶是一個較為保守或固執的人，對於關係和生活方式有固定的想法。他們可能不太願意改變或嘗試新事物，偏好一成不變的生活模式。

● 相處方式：重要的是以耐心和同理心來對待他們的保守。在關係中注重穩定性和安全感，避免突然或劇烈的改變。

4. 子女宮的八門為死門：

● 人格特質：子女、晚輩表現出較為保守或固執的行為，不太願意接受新思想或改變。他們可能在學習或社交上顯得較為被動，不易適應快速變化的環境。

● 相處方式：提供一個穩定且支持性強的環境。鼓勵他們按自己的節奏前進，逐

驚門——在各宮位的特質與相處方式

1. **命宮的八門為驚門：**
   - 人格特質：可能具有能言善辯的口才和溝通能力，但也可能表現出易怒或易受

5. **交友宮的八門為死門：**
   - 人格特質：朋友較不善變，喜遵循傳統的方式處理人際關係和工作。這些人可能不太願意參與新的或未知的社交活動，喜歡維持現有的狀態。
   - 相處方式：尊重他們的保守性和習慣，必要時提供幫助和支持，幫助他們逐步接受新觀念，在團隊合作中，讓他們感到舒適同時融入新的環境。

6. **父母宮的八門為死門：**
   - 人格特質：父母、長輩性格可能保守、固執，對於工作和生活的變動抱有牴觸情緒。他們在做決策時可能偏好傳統和有經驗的方法，不易接受創新的想法。
   - 相處方式：最重要的是展現出對他們觀點的尊重。在推動改變時，應該逐步進行，充分溝通，確保他們感到參與和被理解。

步引導他們接受新事物，保持耐心和理解，並在他們願意嘗試時給予正面的反饋和支持。

驚的性格。這類人善於表達，經常在人群中發表意見，但可能因反應過激或情緒波動而引起衝突。

- 相處方式：學會適時提供支持和安慰，在他們情緒激動時，給予理解並幫助他們冷靜下來，鼓勵他們用更平和的方式表達自己。

2. 兄弟宮的八門為驚門：

- 人格特質：兄弟姊妹的表達方式可能比較激烈，反應強烈。這些人可能在對話中表現得相當直接，有時甚至具攻擊性，容易與人產生爭執。
- 相處方式：保持冷靜和客觀，在他們情緒激動時提供平和的反饋，幫助他們理解情況。鼓勵開放且建設性的對話，避免激化爭端。

3. 夫妻宮的八門為驚門：

- 人格特質：意味著配偶具有較強的表達力和情緒反應，喜歡掌控對話和相處情境。他們可能情緒多變，容易感到不安或恐懼。
- 相處方式：提供一個安全和穩定的環境，讓他們感到安心。在對方情緒化時，適當地提供支持並保持耐心。藉由共事建立信任和理解，減少不必要的衝突和誤解。

4. 子女宮的八門為驚門：

- 人格特質：子女、晚輩表現出高敏反應和易受驚的性格。他們可能在壓力或變

5. 交友宮的八門為驚門：
   - 人格特質：朋友容易激動，對新情況或衝突有強烈的反應。他們在人際互動中可能表現出快速的情緒變化，容易引起口角。
   - 相處方式：學會在他們情緒高漲時提供穩定的支持。建議進行開放而平靜的溝通，避免加劇他們的情緒波動，鼓勵他們發展冷靜應對衝突的技巧。

6. 父母宮的八門為驚門：
   - 人格特質：父母、長輩表現出易變的情緒反應，對壓力較敏感。他們可能在壓力大的情況下顯得特別焦慮或反應過激。
   - 相處方式：保持冷靜並嘗試提供穩固的支持。在他們感到不安時，幫助他們找到解決問題的實際方法，並提供情緒上的安慰，鼓勵開放的溝通，幫助他們管理壓力和焦慮。

化下表現得焦慮不安，對未知的事物感到恐懼。
- 相處方式：可以積極提供安全感和穩定性。幫助他們學會處理焦慮和恐懼，提供支持和鼓勵，讓他們積極面對挑戰。

開門 —— 在各宮位的特質與相處方式

1. **命宮的八門為開門：**
   - 人格特質：象徵此人開朗、坦誠且心態開放。這類人通常思想開明，樂觀積極，喜歡探索新事物，並擁抱變化。
   - 相處方式：共享他們的樂觀和開放態度，鼓勵和支持他們的探索精神，一起參與新的活動和挑戰，在交往中保持開放和誠實的溝通。

2. **兄弟宮的八門為開門：**
   - 人格特質：手足擁有開朗和包容的性格。通常社交能力強，易與人建立聯繫。
   - 相處方式：保持正面和開放的態度，以促進更深層次的交流和理解。

3. **夫妻宮的八門為開門：**
   - 人格特質：象徵配偶是一個非常開放和樂觀的人，他們通常對生活充滿熱情，喜歡與人交流，並能夠在關係中保持正面和支持的態度。
   - 相處方式：共享他們的樂觀和積極，參與他們的冒險和計劃，一起探索新的可能性。在關係中保持開放和誠實的對話，有助於建立更深層次的聯繫和信任。

4. **子女宮的八門為開門：**
   - 人格特質：子女或晚輩具有開放和樂觀的性格。這些年輕人對新事物充滿好

5. 交友宮的八門為開門：

- **人格特質**：朋友在人際關係中非常開放和友好。他們在團隊中經常是樂觀的推動者，能夠激勵、鼓舞周圍的人。
- **相處方式**：參與並支持他們的提議和計劃，保持正面的互動，並欣賞他們的活力和樂觀。
- **相處方式**：鼓勵他們的探索精神和創新思維，支持他們的學習和個人發展，一起參與新的活動和挑戰。

6. 父母宮的八門為開門：

- **人格特質**：父母在處理事務和人際關係時表現出開放和進取的態度。他們擁有寬廣的視野，善於溝通和激勵他人，通常在職場或家庭中擔任領導角色。
- **相處方式**：積極響應他們的指導和建議，共享他們的視野和目標，在相互尊重的基礎上，共同推動創新和發展。

第三節 八門在「事的宮位」會發生什麼事與該如何應對

休門——在各宮位會發生什麼事與該如何應對

1. **財帛宮的八門為休門：**
   - 會發生什麼事：象徵在財務上有貴人扶持，尤其是生意上能獲得額外的支持和資源。這種配置適合從事休閒娛樂、修理業、美容和運輸等行業，容易在這些領域獲得成功。
   - 建議如何應對：應該利用這段時期來鞏固和擴展與這些行業相關的業務，尋找新的合作機會或加強服務品質。此外，加強鞏固人脈網絡，以便在需要時得到更多的幫助和指導。

2. **疾厄宮的八門為休門：**
   - 導致健康問題的原因：休門位於疾厄宮，通常意味著健康問題不會太嚴重，主要是由於過度勞累或忽略休息導致的輕微病症。
   - 疾病的特性：疾病可能表現為倦怠、萎靡不振，處於潛伏期或正在恢復階段。

3. 遷移宮的八門為休門：

- 會發生什麼事：休門在遷移宮代表一段尋求休息和恢復的旅程，無論是休假還是出遊旅行，這段時間都適合遠離日常瑣事，尋找心靈的平靜。在這段時間也容易遇到貴人或得到他人的幫助，往往能帶來正面的影響和支持，人際關係將顯得格外和諧。

- 建議如何應對：利用這個時期加強維繫人際關係，保持開放和友好的態度將有助於擴大你的人脈圈，並獲得意想不到的援助。可規劃一些旅行或休閒活動放鬆心情。

- 建議如何應對：建議增加休息時間，適當調整生活和工作節奏。

4. 事業宮的八門為休門：

- 會發生什麼事：休門位於事業宮時，通常表現為工作上的倦怠感、缺乏動力。你可能想休息、休假或去旅遊，甚至有離職或退休的念頭。然而這個時期，你也可能遇到能夠在事業上提供支持的貴人，他們能給予你寶貴的建議或幫助。

- 建議如何應對：當感到倦怠或動力不足時，應該尋求改變，如短期休假來恢復精力，或是與能帶來正面影響的同事和上司進行更多交流。此外，利用這段時間來反思自己的職業路徑和未來的方向，尋找新的學習機會或是專業發展的可能，可以幫助重新點燃你對工作的熱情。

第 6 堂課　奇門八門符號的象徵

248

5. 田宅宮的八門為休門：

- 會發生什麼事：休門在田宅宮代表財務狀況穩定，是理財和資產規劃的好時機，沒有太大的財務波動。與家人的關係和諧，相處愉快，是加強家庭緊密度和解決過去矛盾的良機。
- 建議如何應對：利用這個時期鞏固家庭和諧、和睦，保持家庭財務的穩定也是當前的一個重點。

6. 福德宮的八門為休門：

- 會發生什麼事：象徵個人在生活中尋求、享受平靜與舒適的時光，期望擺脫壓力、享受悠閒生活。偏好休閒和放鬆的活動，如旅行和探索自然。
- 建議如何應對：在這段時間內，最好投入於那些能夠讓你放鬆和重獲活力的活動，可計劃遠足或旅遊。此外，這也是一個適合涉獵心靈成長和自我反思的時期，可以進行瑜伽、冥想或其他形式的心靈練習。

生門──在各宮位會發生什麼事與該如何應對

1. 財帛宮的八門為生門：

- 會發生什麼事：代表財務活動會變得非常活躍，尤其是與生意、投資和賺錢的

2. 疾厄宮的八門為生門：
- 導致健康問題的原因：避免過度運動或生活方式過於緊張而導致的健康問題。
- 疾病的特性：疾病可能會呈現活躍發展的狀態，如感染迅速擴散或慢性病突然惡化。
- 建議如何應對：應多休息與適度運動，避免過度勞累。定期健康檢查，對於任何出現異常的身體表現都應及時求醫。

3. 遷移宮的八門為生門：
- 會發生什麼事：在外有較多賺錢的機會，適合動中求財。人際關係活躍，社交圈將擴大，新的合作伙伴或朋友將出現。
- 建議如何應對：把握在外可能帶來新的發展機會，於人際交往中保持開放和積極的態度，建立寬廣的人脈網絡。

4. 事業宮的八門為生門：
- 會發生什麼事：生門在事業宮象徵事業上的高速發展，可能有升職加薪或業務

機會相關。這個時期財運亨通，收入有增加的趨勢，適合尋找新的收入來源或擴大現有業務。
- 建議如何應對：應積極把握這段時間的機會，投資在有成長潛力的領域，或者擴展業務範圍。同時，也應該謹慎評估各種投資機會，避免過度冒險。

擴展的機會。

5. 田宅宮的八門為生門：
   - 會發生什麼事：財富有望透過房地產的增值帶來財務的累積或增長。家庭成員間的關係可能變得更緊密，增進家庭和諧與相互支持。
   - 建議如何應對：可考慮投資不動產。同時，維持、促進家庭成員之間的和諧，共同管理和增加家庭的經濟資源。

6. 福德宮的八門為生門：
   - 會發生什麼事：熱衷於財富的追求和享受，生意和賺錢成為生活中的重要樂趣。此外，也可能表現出對運動和戶外活動的熱情。
   - 建議如何應對：可參與投資和商業活動，同時也可以從事運動和其他休閒活動，以保持身心健康。

建議如何應對：應抓緊機會積極表現，尋求職業成長的途徑。此外，也可以考慮進修或學習新技能，以支持事業的進一步發展。

傷門──在各宮位會發生什麼事與該如何應對

1. **財帛宮的八門為傷門：**
   - 會發生什麼事：傷門在財帛宮意味著財務方面可能會遭遇損失或不穩定，可能涉及到錯誤的投資決策或是資金流的問題。
   - 建議如何應對：在這段時期內，應該更加謹慎管理財務，避免高風險的投資。

2. **疾厄宮的八門為傷門：**
   - 導致健康問題的原因：傷門在疾厄宮，表示有可能會因為過度勞累或忽略身體警示而導致健康問題。
   - 疾病的特性：可能會有急性疾病發作或因事故導致的傷害。疾病發生的速度快，容易有意外；疾病處在損害、消耗、妨礙的狀態。
   - 建議如何應對：應該更加關注健康，避免過度勞累和參與高風險活動，並在日常生活中採取預防措施以降低意外傷害的風險。

3. **遷移宮的八門為傷門：**
   - 會發生什麼事：個人的移動、旅行、出差可能會遭遇交通事故或其他旅途中的不幸，須小心謹慎。人際交往表現上，性格可能變得急躁或直率，容易與人發生爭執。

4. **事業宮的八門為傷門：**
   - 會發生什麼事：在工作上有行動力、雷厲風行、積極拚搏；另一方面，可能會遇到衝突和挑戰，如同事間不和，或是與上司意見不合，須留意冒失冒進、傷害別人、與人爭奪爭鬥、樹敵與犯小人。
   - 建議如何應對：應該在職場上保持低調，避免不必要的爭議，以維持職場的穩定和發展。

5. **田宅宮的八門為傷門：**
   - 會發生什麼事：可能會有破財之象，或家中物品損壞需要大筆開支來修繕；家人關係則可能出現爭執或不和。
   - 建議如何應對：加強家庭成員之間的溝通與理解，共同面對家庭問題。謹慎管理財務，尤其是現金流的管理，避免投資高額或高風險不動產。

6. **福德宮的八門為傷門：**
   - 會發生什麼事：可能會與人衝突，尤其在追求個人利益時可能與他人產生矛盾。
   - 建議如何應對：應該避免不必要的衝突和爭執，尋求和諧與平衡的方式來解決問題。

杜門——在各宮位會發生什麼事與該如何應對

1. **財帛宮的八門為杜門：**
   - 會發生什麼事：杜門在財帛宮表示在賺錢與財運上可能會遇到阻礙，如生意不順、收入停滯不前。儘管如此，這是適合依靠個人技能、專長及知識來賺取收入的時期。
   - 建議如何應對：應專注於提升專業技能或深化知識，可能需要從事獨立或創業類型的工作來獲得收益。

2. **疾厄宮的八門為杜門：**
   - 導致健康問題的原因：杜門象徵健康狀況可能受隱藏或未被注意的問題影響，如潛在的慢性疾病。
   - 疾病的特性：可能有一些症狀不明顯或難以診斷的健康問題，或者治療過程中遭遇阻礙。
   - 建議如何應對：應該更加關注健康，對於任何異常症狀都不可忽視，需要及時就醫。

3. 遷移宮的八門為杜門：
- 會發生什麼事：個人在外際遇可能進展緩慢或被阻止，尤其在尋求新機會或拓展業務時。在擴展社交圈或建立新關係方面可能會感到受限。
- 建議如何應對：在這段時間內，應該專注於鞏固現有的人際關係，並非一定要拓展新的社交圈。

4. 事業宮的八門為杜門：
- 會發生什麼事：工作中可能遇到停滯或發展緩慢的階段，難以取得突破，但這是個適合學習和積累專業技能的好時機。
- 建議如何應對：應該利用這段時間深化專業技能或學習新知識，為未來的職業發展做準備。在職場上保持耐心，不要因短期的挫折而放棄長遠目標。

5. 田宅宮的八門為杜門：
- 會發生什麼事：財富累積可能遇到瓶頸，短期內難以有顯著提升。家庭可能出現溝通障礙或隔閡，成員間不易達成共識。
- 建議如何應對：需要加強家庭內的溝通；對於財務管理，應採取保守策略，避免不必要的鉅額開銷。

6. 福德宮的八門為杜門：
- 會發生什麼事：可能會感覺與外界隔離或缺乏外部支持，更願意選擇獨處或遠

景門——在各宮位會發生什麼事與該如何應對

1. **財帛宮的八門為景門：**
   - 會發生什麼事：當景門位於財帛宮時，通常意味著透過增加知名度和形象來賺取收入的機會增多，尤其適合從事與公眾形象、表演藝術、廣告、媒體和文化藝術等相關行業。這些行業能夠帶來較高的財務回報，尤其涉及到品牌和形象的商業活動時。
   - 建議如何應對：應積極利用自身的形象和人際網絡進行品牌建設或形象推廣。加大對社交媒體和公眾關係的投入，提高個人或產品的市場可見度，吸引更多的合作機會和客戶。

2. **疾厄宮的八門為景門：**
   - 導致健康問題的原因：景門在疾厄宮可能意味著健康問題與外在環境因素有關，如因暴露在多人接觸的公共場合而提高感染風險。
   - 建議如何應對：尋找內心的平靜與滿足，可能是透過冥想、閱讀或其他個人興趣來找到平和。這是個適合自我反思和精神成長的時期。
   - 離社交活動。

第 6 堂課　奇門八門符號的象徵

疾病的特性：可能出現的病狀如發炎或發熱等，需要及時醫治。
- 建議如何應對：在公共場合和人群聚集的活動中，應特別注意個人健康，只要出現任何疾病症狀應及時就醫，並進行適當的治療。

3. **遷移宮的八門為景門：**
- 會發生什麼事：旅行和外出的機會增多。適合拓展視野、提升個人或企業的知名度，擴大影響力。在人際交往方面，有利於公關活動和社交應酬，可以有效擴展人脈。
- 建議如何應對：應把握機會參與更多的社交活動，利用這些場合提高個人或公司的曝光率和聲譽。

4. **事業宮的八門為景門：**
- 會發生什麼事：事業前景光明，特別是在需要展現才能和技術的領域，如創意產業、文化藝術、流行等行業，有顯著的表現機會和事業進展；也有利從事表演、影視、廣告、電子通訊電腦、餐飲、娛樂，或旅遊等行業。
- 建議如何應對：應該積極把握展現個人才能的機會，參與更多能提高曝光率的項目或活動。增強專業技能，並利用每一次公開活動來建立和強化個人品牌。

5. **田宅宮的八門為景門：**
- 會發生什麼事：經濟前景看好，家庭財富有增長的機會。與家人的相處多是關

死門──在各宮位會發生什麼事與該如何應對

1. 財帛宮的八門為死門：

- 會發生什麼事：死門在財帛宮通常預示著財務上的困難，賺錢的途徑可能遭遇阻礙，例如生意陷入困境，收入來源枯竭。
- 建議如何應對：在這段困難時期，最重要的是嚴格控制開支，避免不必要的投資與浪費。同時，尋找新的收入來源或改變商業模式或策略，有助於突破當前的財務僵局。

2. 疾厄宮的八門為死門：

- 導致健康問題的原因：死門在疾厄宮可能導致健康問題加劇，如疾病持續惡化

---

6. 福德宮的八門為景門：

- 會發生什麼事：個人的社交活動增多，喜歡參與各種社會活動和聚會，生活豐富多彩。
- 建議如何應對：應該充分利用這段時間的社交優勢，擴大自己的社交圈和影響力。

係融洽，氣氛熱鬧，家庭活動頻繁。
- 建議如何應對：多利用家庭聚會、活動或旅遊，增進家庭關係。

3. 遷移宮的八門為死門：
 - 會發生什麼事：在外的活動或計劃可能遇到重大障礙，難以進行或完成。不易拓展人際關係，甚者可能會遭遇結束或停滯，造成社交圈縮小。
 - 建議如何應對：可在這個時期專注加強現有關係的緊密度。

4. 事業宮的八門為死門：
 - 會發生什麼事：事業發展可能遭遇挫折或停滯，現有的工作或職業道路可能沒有太大進展。
 - 建議如何應對：這是一個考驗耐心和堅持的時期，可能需要考慮轉換職業或重新規劃職業生涯。保持開放心態，尋找新的職業方向，或是把重心放在學習上，都有助於打開新的局面。

5. 田宅宮的八門為死門：
 - 會發生什麼事：財富增長受阻，可能面臨經濟困境或資產貶值。家庭氣氛可能

驚門——在各宮位會發生什麼事與該如何應對

1. 財帛宮的八門為驚門：

- 會發生什麼事：驚門在財帛宮，通常預示著在財務與經濟活動中會遭遇突如其來的變故導致不安。此外，驚門在財帛宮可能代表財務上與人有糾紛或爭執，甚至可能涉及法律訴訟。
- 建議如何應對：在此期間，最佳的應對策略是保持謹慎，避免進行高風險的投資或鉅額的財務決策。在涉及金錢事務上，盡可能保持清晰的溝通，避免不必要的誤解或衝突。

6. 福德宮的八門為死門：

- 會發生什麼事：個人的精神狀態可能陷入低潮，缺乏動力或享樂的心情。
- 建議如何應對：這是一個內省和自我修復的時期，應該尋求心理和情緒上的支持。參與心理諮詢或靜心冥想等活動，可能有助於恢復內心的平衡與和諧。

變得壓抑，關係可能出現停滯、裂痕或變得疏遠。
- 建議如何應對：在這個時期，重點應放在修復家庭關係上，避免重大投資。

2. **疾厄宮的八門為驚門：**
- 導致健康問題的原因：預示著可能會出現突發性或急性健康問題，如突發性疼痛、抽搐或其他急症。
- 疾病的特性：可能表現為劇烈的疼痛、抽搐、過敏反應或其他突發症狀，可能需要緊急醫療介入。
- 建議如何應對：多關注身體狀況，保持適當的休息和營養攝取，避免過度勞累和壓力，感到不適時應立即尋求醫療幫助。

3. **遷移宮的八門為驚門：**
- 會發生什麼事：在社交或工作場合中易發生口角、與人爭吵或被誤解。也可能在人際關係中表現出過度焦慮或不安，導致不必要的衝突或誤會。
- 建議如何應對：在人際交往中保持冷靜和耐心，避免過度反應。學習有效的溝通技巧，以減少可能的誤解和衝突。

4. **事業宮的八門為驚門：**
- 會發生什麼事：在事業宮，驚門可能帶來與言語有關的職業機會，如教師、律師、演講者或銷售人員等。然而，也可能意味著在工作中遇到人際溝通的挑戰，容易引起爭議或口舌是非。
- 建議如何應對：專注於提升溝通技巧和人際互動的能力，避免不必要的言語衝

開門——在各宮位會發生什麼事與該如何應對

1. **財帛宮的八門為開門：**
   - 會發生什麼事：在財帛宮的開門，象徵著新的財務機會和財富增長的開始。這

5. **田宅宮的八門為驚門：**
   - 會發生什麼事：可能缺乏財務安全感，對財富管理和維持感到焦慮。家庭可能出現爭執與不和，尤其是關於財務或生活習慣的問題。
   - 建議如何應對：建議積極管理家庭財務，尋求家庭成員之間開放與正面溝通。對於居住環境的選擇，選擇安靜不受干擾的地點。

6. **福德宮的八門為驚門：**
   - 會發生什麼事：代表可能遇到意外事件或突發情況，可能影響個人的心理健康和幸福感。可能面臨突如其來的挑戰，需要迅速適應。
   - 建議如何應對：保持正面的心態和積極的生活態度，培養心靈的平靜和抗壓能力，以應對生活中的不確定性和變化。

突。對於可能引起爭議的話題和情況，採取謹慎的態度。尋找能夠充分發揮自己語言天賦的領域來發展專業。

第 6 堂課　奇門八門符號的象徵

可能包括新的投資機會、業務擴展或出現新的收入來源。開門在此宮位通常預示著經濟狀況有積極進展，財務狀況得到改善，以及潛在的財富積累。

- 建議如何應對：為了最大化這段時期的財務機遇，建議積極尋找和把握新的投資或業務擴張的機會。應該保持開放心態，勇於嘗試新方法來增加收入。此外，合理規劃財務、保證風險可控，是確保財務安全的關鍵。

2. 疾厄宮的八門為開門：

- 導致健康問題的原因：開門在疾厄宮可能表示某些健康問題逐漸加重，需要進行治療或手術介入。
- 疾病的特性：疾病可能需要開刀、外科手術或其他形式的介入治療。
- 建議如何應對：在出現健康問題的早期就應積極求醫，不要延遲治療。進行定期的健康檢查，對於可能需要手術或特殊治療的病狀，應該尋求專業醫生的意見和治療。

3. 遷移宮的八門為開門：

- 會發生什麼事：可能會有更多出差或旅行的機會，而這些活動通常會帶來新的機遇和見聞。在外際遇好，可能會遇到有影響力的貴人。有望擴展人際關係，例如結識新的朋友甚至是貴人，也有利於開拓人脈。
- 建議如何應對：利用這段時間積極擴展人脈，參加更多社交活動，保持開放和

4. **事業宮的八門為開門：**
   - 會發生什麼事：事業發展面臨新的機遇，有可能進行新的事業計劃或創業。對於已在職場的人來說，可能有升遷或擴大職責的機會。
   - 建議如何應對：應該抓住機會積極推動自己的事業計劃。對於潛在的新項目或職位，須保持靈活和主動的態度，準備接受新的挑戰。

5. **田宅宮的八門為開門：**
   - 會發生什麼事：可能獲得房產或大量資產的增值，財富積累的機會增多。家人溝通暢通無礙，關係變得更加和諧。
   - 建議如何應對：可考慮置產，累積財富。應抓住機會溝通，促進家庭成員之間的理解和支持。

6. **福德宮的八門為開門：**
   - 會發生什麼事：個人的靈性和內在世界可能經歷一個開放和擴展的階段，有利於心靈成長，也可以趁此機會探索新的興趣。
   - 建議如何應對：投身於自我提升的活動，如冥想、旅行或學習新技能。這是個絕佳的時機去探索未知的領域和拓展視野。

第 7 堂課

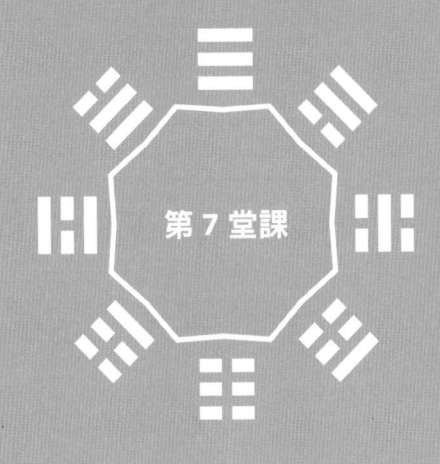

奇門天干符號的象徵

第一節 天干符號的象徵含意概說

十天干包含，甲（陽木）、乙（陰木）、丙（陽火）、丁（陰火）、戊（陽土）、己（陰土）、庚（陽金）、辛（陰金）、壬（陽水）、癸（陰水）。

在奇門遁甲盤裡，一個宮位中通常至少有兩個天干，在盤面上的一上一下。上面的叫作「天盤天干」，下面的為「地盤天干」。

論人時，天干形容一個人的人格特質的。而「**天盤天干與地盤天干**」就好像西方占星盤裡的太陽星座與月亮星座，分別代表外表、顯性的個性，與內心深處隱性的想法。

例如一個女孩，她命宮裡的天盤天干是「乙」，地盤天干是「庚」，記作「乙＋庚」。天盤天干乙，五行為陰木，陰為柔順。陰木好比藤蔓植物如葡萄藤，象徵女人的柔順依附，所以女孩的外表看起來，或剛相處時，會以為她個性好，配合度高。但相處久了，會發現她的內心有其剛強獨立的一面，因為地盤天干為庚，五行為陽金，陽為剛強，金為硬，也有逆勢的一面，象徵男人的剛硬，脾氣硬，不服輸，不怕跟你來硬的，有其獨立堅持的一面，可稱之為「鏗鏘玫瑰」。

論事時，吉天干代表機會、轉機；凶天干代表陷阱、阻隔、犯錯、受困。

「天盤天干＋地盤天干」還可以組合成天干的組合象，稱之為「格局」。共可組合成九九八十一個格局，代表事情可能的發展及局勢。

奇門遁甲，既稱之為遁甲，十天干裡就見不著甲，甲遁起來了，所以只用九個天干，而九個天盤天干與九個地盤天干剛好可以組合成八十一個組合，每一個組合在奇門遁甲裡有專門的稱呼，稱之為「格局」。好比易經的卦有八卦，八個上卦與八個下卦可以組成八八六十四卦，只是奇門用的是天干的組合。

這九九八十一格，可以將事情的發展及局勢分成八十一種類型的格局。

例如九宮位裡的天盤天干為乙，地盤天干為辛。乙在奇門遁甲裡稱為「青龍」，五行為陰木（這乙的符號橫躺下來，看起來像不像一條龍？）。如果遇到地盤天干為辛，五行為陰金，五行金是剋木的，尤其是陽剋陽或陰剋陰時，同性相剋，勢必剋盡。乙碰到辛「乙＋辛」，在奇門格局的名稱，叫作「青龍逃走」，因乙被辛沖剋，被迫得乙只好走人了、得逃了，所以「乙＋辛」格局名稱叫「青龍逃走」。

如果官祿宮裡逢「乙＋辛」，為凶格，就代表工作不穩定，犯衝突、或被裁員、被迫離職，想離開；如果夫妻宮裡逢「乙＋辛」，就代表夫妻之間犯矛盾，容易有衝突，意見不一，嚴重時甚至離家出走，或容易鬧分離。

而這件事情有沒有其他的變化，那就還得參看宮位裡的神星門。若是凶的格局，

第 7 堂課　奇門天干符號的象徵

1. 甲天干

● 奇門遁甲中的「遁甲」意義，就是把「甲」藏起來，所以在盤上看不到甲天干。那麼甲藏於哪呢？甲遁於「值符」，宮位裡有值符，就等於有甲，因此甲與值符的含意一樣。且甲為十天干之首，因此論人時，此人身分可能是主管、領導；又或者這個人主見強、喜歡掌控事情、當老大。

● 甲也是科甲、第一、頭兒，因此有利於考試、升職，代表金榜題名。

2. 乙天干

● 奇門遁甲中的奇字，指的就是乙、丙、丁這三個天干，稱為三奇，代表奇蹟、機會、希望、光明。

● 而乙奇，如同字的形狀，略微曲折，不直，因此論機會時運，為間接、曲折的機會。

可能事情往壞的方向發展，但遇到吉星、吉門或吉神，則還有轉圜的餘地；反之，遇到凶星凶門凶神，那就凶上加凶。而若是吉的格局，可能事情往好的方向發展，遇到吉星吉門或吉神，則好上加好；反之，遇到凶星凶門凶神，那吉事不成，甚至反為凶。

在人的個性上，乙天干為陰木，代表盆栽、藤蔓植物，因此代表此人比較溫和、順從。在舊社會的代表身分就是妻子、老婆，遵守三從四德；然而也可能偏向軟弱、多愁善感、猶豫不決。

3. 丙天干
- 丙天干，我們在奇門遁甲系統裡稱「丙奇」，丙五行屬火，且屬陽性，即為大火。
- 若對應到人，可能代表熱情，富行動力，缺點是個性急，脾氣火爆，由於欠深思熟慮，容易惹禍。若對應到事，雖然有機會是好事和良機，但也容易生事。

4. 丁天干
- 丁奇的五行屬火，為陰性，就是小火，讓人看到亮光、感到溫暖，因此論事時，可能代表機會、光明、希望。為三奇之一，而且丁奇最神奇，給予身處黑暗中的人光明和希望！
- 火又有漂亮、吸睛的意思。因此論人時，代表外表漂亮，而且個性溫柔、善體人意。因此也常常指涉「情人」，對已婚者來說即代表第三者。

5. 戊天干

- 戊的五行屬土，為陽土。我們之前重複提過，有土斯有財，因此「戊」代表錢財、本金。

- 土地肥沃，而五行屬土者穩重、不易變動，因此論人時，可能代表外表看起來肥胖豐滿，個性穩重可靠，或是固執、不知變通。

6. 己天干

- 己五行也為土，屬陰土。陰代表低處，地上有陷下去的地方，也就是「坑」，因此己常常代表坑洞、陷阱。遇到時，有可能表示自身盤算著想欺騙他人，或是為人所騙，心存私欲。

- 己代表想法，念頭，形容一個人有創意、想法多、鬼點子多。

- 己從字型來看，彎彎曲曲的，有著拐彎抹角的特性。我們會稱沒心眼的人叫直腸子，反之己天干用來形容人的時候，則是詭計多端，代表心眼多，有私欲，而且往往是邪念，容易騙人或被騙。

7. 庚天干

- 庚為陽金。金屬的特性就是「硬」，因此反映在人身上，就代表個性強硬、霸

道、硬頸、不服輸，是個厲害的角色。

- 陽金，就是大片金屬，如銅牆鐵壁一樣，因此碰到庚常常也代表著遇上阻力、障礙高，難以克服跨越，或是事將成時殺出程咬金，攔路阻擋，功虧一簣。
- 庚天干有近似「白虎」的特性，因此也代表災害。

8. 辛天干

- 辛天干，五行為陰金，在人身上，金都有脾氣硬、不服輸的特質，所以叛逆、離經叛道，容易犯錯。
- 此外，辛者「新」也，因此也代表創新、改革。
- 陽為大、陰為小，因此辛在物件上，可常見為小型貴金屬，如金屬首飾、項鍊，或是鑰匙等，帶有虛榮、自我的味道。

9. 壬天干

- 壬天干五行為陽水。凡屬水者，都有流動、變動的意思。因此有壬天干，可能代表移動、行動，或是變化。例如問職場狀況，可能就是想離職、轉換工作了。
- 壬、癸兩個天干，在古代稱為「天羅地網」，與「螣蛇」糾纏、「玄武」暗中小人的性質近似，因此常代表小人難纏，會有麻煩棘手之事纏身，也有被纏、被

10. 癸天干

- 癸天干

- 癸天干五行為陰水，癸天干與壬天干的性質類似，都有走動、變化的意思；同時也有被糾纏、困住的意義。

- 癸天干五行屬陰水，代表眼淚、淚水，因此在人的個性上反映的就是多愁善感。

- 壬為水，水四處漂流不受拘束，因此反映在人的個性身上，可能如深陷汪洋大海，隨波逐流，沒有定見、迷惘，此外心性不定且多情。

綁、受困之意。

第二節　天干符號的象徵含意──代表人

1. 甲（陽木）：

   主見強，喜掌權掌控。威嚴有氣勢，不怒而威，德高望重。有組織領導能力，有影響力，服眾，不屈居人下。多得能人幫助，有靠山，高貴華貴。

2. 乙（陰木）：

   柔順委婉，仁慈善良，有文化修養、藝術氣息，典雅，注重情感。委曲求全，消極、不積極、不穩定，左右搖擺，優柔寡斷。

3. 丙（陽火）：

   光明直爽，英武雄猛，熱情豪放。正義威權（權柄），強悍，重情重義。性情急躁，缺乏耐心耐力，虛榮愛面子。

4. 丁（陰火）：

亮麗、吸引目光的，細膩溫柔，溫暖體貼，性情柔順。和順而有心計，帶刺尖銳。苛刻嚴格，執著，咬住不放。

5. 戊（陽土）：

憨厚老實，忠誠可靠，誠實守信，包容寬厚，穩定穩重，有堅定的意志。另一方面表現為呆板、憨厚、愚笨，固執白目，笨嘴拙舌。

6. 己（陰土）：

策劃能力強，主意想法多。細心，詭計多端，機智圓滑。強大的欲望，私欲，邪念。

7. 庚（陽金）：

為人威嚴，有氣概、有魄力。剛健凶猛，強硬，霸道武斷。銳利，激進的意志，倔強，不服管教，不服輸。凶惡、野蠻、殘暴、打鬥。

8. 辛（陰金）：
代表變革向上之人、富於革命創新之人、洗心革面之人。自尊虛榮、思想叛逆、性格偏激之人。

9. 壬（陽水）：
柔順，多才，有智慧。聰明好動，精力旺盛。任性、放任、嚮往自由之人。迷茫，目標不明，性情不定，風流之人。

10. 癸（陰水）：
陰柔怕事，弱小保守，多愁善感，猶豫不決，不能自主，容易改變，多情多欲之人。

第三節 天干符號的象徵含意——代表事

乙天干

1. 乙＋乙：乙木為希望，乙木又主曲折，乙又加上乙，就是曲折更多了。代表道路曲折，進展緩慢，或希望太多了，各個虛無縹緲。

2. 乙＋丙：丙為有權威的人，就是貴人多的意思；木火通明之象，就是有貴人扶持，有機會升官晉職。

3. 乙＋丁：丁象徵希望、機遇、奇蹟。乙也是希望，三奇占了兩奇，而丁是希望直達，所以會有奇蹟發生，有好的機遇。

4. 乙＋戊：戊為財，可以看作跟錢財有關，或者該出錢破費了。

5. 乙＋己：己是想，是私欲，是幻想，就是光想好事，真的讓他幹也幹不成，也不去幹，純空想。遇此格，希望渺茫，只妄想而不實際行動。

6. 乙＋庚：論事跟合作有關，各懷鬼胎，各懷私意；論感情，同床異夢。

7. 乙＋辛：這是一個凶格，百事皆凶，經商破財，測婚婚散，雙方相互不信任。

8. 乙＋壬：壬水主流動，表示事物沒有定局，代表變化。可能他背後有小人搗亂，或事情會有變化、不穩定。也代表官訟是非，有人謀害，背後有小人破壞，能力不好發揮。

9. 乙＋癸：宜退不宜進，宜蟄伏，不宜冒進，可能被人扯後腿，不利於推進事情或計劃。

丙天干

1. 丙＋乙：丙火比較衝動會出亂子，但有乙木柔性的提醒；而乙木比較軟弱，不敢

第 7 堂課　奇門天干符號的象徵

做的事情，由丙火來做。一剛一柔，剛柔相配，利於合作、合夥、求謀。

2. 丙＋丙：由於丙的性格暴躁，辦事容易偏激過火，本身就是麻煩亂子，不守常規，那麼主客兩個丙到一起，丙＋丙不就亂套了嗎？更加重了丙奇的缺點。此格是火上澆油，就像熱鍋上的螞蟻亂了方寸。

3. 丙＋丁：此格不錯，太陽之火和星星之火到一起比較如意，貴人文書吉利，常人平靜安樂。

4. 丙＋戊：事業可為，可謀大事。對好事大吉大利，如求婚、求財、考試、求官等，不用費多大力氣，就能成功。

5. 丙＋己：丙為希望，己土為私欲，代表背後搗鬼、奸詐。遇到此格又臨凶門表示表裡不一，表面一套背後一套，而多是因為自私行為和幻想惹出的麻煩。

6. 丙＋庚：門戶破敗，盜賊耗失，事業亦凶。這是個動格，測什麼都是動的。測工作則要離職或調動，此人不想幹，主動要走。

丁天干

1. 丁＋乙：代表調動或將有新的變化。論工作為要調動，或原來的工作將有新的變化。論生意合夥，可能有新的生意或者選擇新的合作夥伴。

2. 丁＋丙：代表有能力駕馭這件事，若成了好事，需要保持冷靜、收斂，要克制，不然反而容易樂極生悲，造成不幸。

7. 丙＋辛：此格是在錯誤中互相利用，看似局面很亂，實際大局是穩定的。此格雖然合作中會出現一些問題，但問題能夠解決。

8. 丙＋壬：壬丙相逢是非多，麻煩亂子一堆，是一對冤家，不宜合夥。

9. 丙＋癸：凡事暗昧不明，容易受陰人、小人害事，招來災禍。通常代表小人、看不見的人物搞一些破壞性的事情。犯小人，背後有人搞鬼招來災禍。

如果測求財一般不太有利，往往破財。

3. 丁+丁：喜事從心，萬事如意。丁象徵希望、機遇、奇蹟，所以考試會有奇蹟發生，有好的運勢。

4. 丁+戊：無論遇到多大困難，將來都會出現轉機，諸如求婚、求學、求財、求官等好事會更加順利。

5. 丁+己：要留心小人或暗中有人在背後搗亂。

6. 丁+庚：做事將停滯不前，又回到起點，也就是這件事不太好成，有阻力。此格會返回起點，遇事則需要回避或退守之意。

7. 丁+辛：這個格局表明做事容易犯錯誤、出現問題。丁為希望，辛為錯誤，希望變成錯誤了。

8. 丁+壬：做事若非正義的事，是不好的事，將來便會出事。但一般說來，這還是吉格，主事情能成，有貴人輔助。

戊天干

1. 戊＋乙：做事有貴人幫，此格利於合作和聚集，不利於一個人獨立做事。

2. 戊＋丙：凡求好事，諸如求婚、求學、求財、求官、出行、出國等，均大吉大利。喻人事，開始時有難度，一片混亂，後來有眉目了，見到光明，事物必有轉機。

3. 戊＋丁：對求取好事，諸如求婚、求學、求官、求財等均吉利。測運勢，主人生有重大機遇，閃耀著光明，代表希望和奇蹟。

4. 戊＋戊：凡事不利，戊就是山，阻隔重重，以守為好。

5. 戊＋己：逢這種格局，就是能力不足的問題，只有等待破土出墓之時，才能有轉

9. 丁＋癸：主容易發生口舌，招惹口舌是非。

己天干

1. 己+乙：測前途，前途渺茫，自己搞不清自己的方向，沒有頭緒，卻還要去做。這個格局不宜進取。

9. 戊+癸：事情有磕碰、障礙，做事反而有牽扯，互相箝制，大家都成不了事。

8. 戊+壬：什麼都要發生不利的變化，測婚姻、錢財、工作等，都要發生不利的變化。此格也代表運勢不好，辦不成事，處在一個低潮期。

7. 戊+辛：論事，要出問題，夭折、半道折損、半途而廢。作用在人事上，主半途而廢或者出現扯後腿的人，或意外閃失。

6. 戊+庚：遇此格，主換地方、換人。這是一個動格，肯定動。

機。一般說來還能堅持下去，困難只是暫時的。

2. 己＋丙：此格表明會因為不正確的思想和行為，造成一些困擾及麻煩事。遇此格，主麻煩是非，由於私心而產生問題，犯小人。

3. 己＋丁：表示開始時有曲折變化，但堅持下去就會有好的機遇。此格表示前途仍是光明的，但道路是曲折的，經過困難、曲折和磨難之後將有轉機，所以避免冒進、急於求成。

4. 己＋戊：此格主有貴人幫助，有了施展才華的機遇和新生事物的發生。

5. 己＋己：求謀好事不成，百事不遂，可暫不謀為，謀為則凶。貪欲太強，自私心重，做事無力，光做美夢，偷雞不成蝕把米，聰明反被聰明誤。

6. 己＋庚：想辦的事辦不成，那條路走不通，還得回來。

7. 己＋辛：遇此格，容易上當犯小人。遇到小人，會發生驚恐之事，也就是被小人或被自己不清晰的事情破壞或擾亂。

庚天干

1. 庚＋乙：遇此格，主留戀，牽絆，凡事委曲求全，讓一步，事就好辦。

2. 庚＋丙：只要積極主動去謀事，會先困難後順利，逐步改變不順的狀態，會好起來。

3. 庚＋丁：主因為一己私利出是非，被人告狀了，出事了，引起是非口舌。

4. 庚＋戊：凡事不可為，唯一出路就是換地方、換人，否則易有倒楣之事發生。

8. 己＋壬：起爭執、口舌、打鬥，沒好事。表示有口舌爭鬥之事，官訟是非，背後有小人搗亂。

9. 己＋癸：容易從事某些見不得光的事或非法之事，惹上口舌是非，容易上當受騙。由於原本就是錯誤的，因此會引起一些問題的發生。

辛天干

1. 辛＋乙：遇此格，一般皆是自己造成的，把事搞砸而惹出了大麻煩。

5. 庚＋己：做事受阻，被處分。難受、彆扭，這個難受是不情願的，是被別人拖累的。

6. 庚＋庚：主同事、朋友或兄弟之間不和，不利謀事，容易招來災禍。

7. 庚＋辛：這個格局最怕動，一動就容易出事。但是他很少能聽進你的話，非動不可。做事容易摔跟頭，不妨以靜待勞，觀其變。

8. 庚＋壬：身心不安、勞心勞力，來回地跑。此格主憂患，主奔波勞累，不安定、求謀不遂。

9. 庚＋癸：主一生漂泊不定，四海為家。如果格局組合好，可能會在外地創業，進而往外地發展，或為高官、為大老闆服務；若組合差，是給人打工、為人作嫁的。

2. 辛＋丙：在合作中出現亂子，本來兩個人關係好，是合作夥伴，但後來打官司出現糾紛了。

3. 辛＋丁：做事會有意外的收穫；如果犯了錯誤，也會免予處分。

4. 辛＋戊：此格，是因為自己的錯誤而導致經濟危機或事情失敗。論事，因這件事而受傷、受困，運勢不好，正身陷困境之象。

5. 辛＋己：主錯誤由自己造成，被背叛，有苦難伸。主內心有苦難言，受委屈卻無處發洩。遇此格別輕易尋求幫助，因為對方極可能是小人。若是非得相救，對方有機會恩將仇報，而這點完全是你的失誤造成，是奴欺主。

6. 辛＋庚：此格是因自己的錯誤，引來了外界的影響，導致更大的問題發生。

7. 辛＋辛：此格主為事自破，進退無果，是一大堆錯誤混在一起，但這些錯誤都是自己造成的，因此怨不得別人。

壬天干

1. **壬＋乙**：在低潮之中突然遇到別人的幫助。遇此格，宜曲中求，不能直截了當地去辦，事緩則圓就好，別急躁。

2. **壬＋丙**：壬丙水火不容，口舌是非麻煩一大堆，忙中出亂子，越急越出亂子，越想做好事就容易更混亂，兩敗俱傷。

3. **壬＋丁**：此格利於合作，遇此格，本來可能會出事，但有機遇使潛在的危害平息了。

8. **辛＋壬**：此格牽連多人多面向，是因為自己的過失，導致的競爭或同時受到了多方面的影響。

9. **辛＋癸**：此格是指走錯路了，是自己判斷失誤造成的，一失足成千古恨，倒楣事將隨之而來。

4. 壬＋戊：要轉運了，前途有提升之象，遇貴人，有人提攜幫助你，或者找到了強大的支持因素。

5. 壬＋己：口舌是非，官場爭鬥，爭鬥不休。犯小人，易掉進別人設計的陷阱、被人陷害。

6. 壬＋庚：就有何作為來講，難以進展，做事有阻之象。

7. 壬＋辛：遇此格，煩事一大堆，解決不了，內憂外患，沒完沒了，很棘手、纏人。

8. 壬＋壬：此格主亂套了，內憂外患，主事因勾連越變越亂，沒有秩序的亂。

9. 壬＋癸：遇此格，說明事情還沒做，問題就一大堆，矛盾就暴露出來了，主要是事物內部的問題。

癸天干

1. 癸＋乙：遇此格，保持低調，做事內斂含蓄為好，別太露鋒芒，要低調地辦。此格也表示希望被事物蒙蔽，有志難伸。

2. 癸＋丙：遇此格易犯小人，一動就出事。只有修養高超、能屈能伸、善於因勢利導的上等人物才能將不利變為有利，反憂為喜。

3. 癸＋丁：不利合作，主口舌官司、爭鬥。

4. 癸＋戊：此格有投資、錢財方面的合作之事，與他人他事有牽連，須謹慎，否則反而會招來禍害和官司是非。

5. 癸＋己：私欲幻想多，安靜、等待、退守就沒有事，但不管做什麼事，只要動了，都不利，辦不成。

6. 癸＋庚：遇此格，主打鬥、爭鬥之事，相衝突是因衝動造成的。做任何事都有難

度，會有別人來搗亂、搞破壞。

7. 癸＋辛：遇此格最好不要動，你不動就沒事，因此宜靜不宜動，否則將有官司訴訟，在劫難逃。

8. 癸＋壬：遇此格，主此事一再不成功。以前做過這事，現在又去想，但實現不了，表示重複之象，老是想著無法實現的事是不會有結果的。

9. 癸＋癸：遇此格，宜靜不宜動，若是強出頭，易遭災，最好退避忍耐為上，小心謹慎謀事，以逐步改變受困之境遇，等待時機。

第 8 堂課

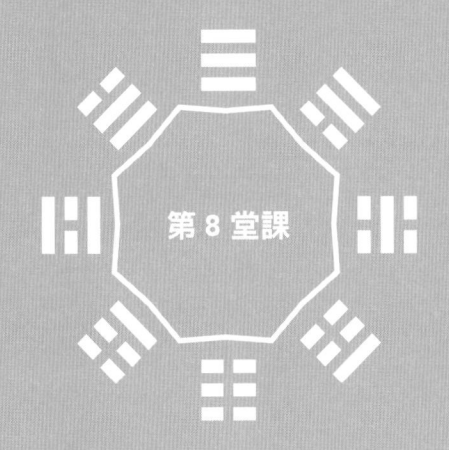

一份完整的命盤解讀實例

第一節 奇門遁甲本命盤命書的製作流程與示例

在最後這一堂課,我們終於可以結合前面七堂課,為自己或客戶製作一份完整的「奇門遁甲本命盤」的「命書」。

這份奇門命盤命書:

1. 是你此生的生命藍圖,勾勒出你這一生人事方面的際遇。
2. 幫助你了解此生會遇到什麼人、發生什麼事,你與這些人事之間的緣起緣滅,對待往來,吉凶禍福。
3. 掌握此生生活的重心(人事十二宮),在幸運的宮位掌握機會,奮力而行;在看似不幸的宮位運用逆境,創造自身的成長與改變。
4. 找出自己的天賦,完成自己的使命,以終為始,操之在我。
5. 讓自己活成一道光,用生命影響生命。

製作「奇門遁甲本命盤命書」的流程：

1. 根據個案的出生時間起出「奇門遁甲的本命盤」。
2. 計算「命盤十二個宮位的幸運指數*」。
3. 綜合論斷「命主的命格解析與此生生活的重點」，勾勒出應把握機會的「幸運宮位」（最前三個幸運宮位）與須提升自我的「弱勢宮位」（最後三個宮位），並給予建議。
4. 針對奇門本命盤十二宮位一一解析（參見下一節）：

● 針對人的宮位，分析：
A. 他是什麼樣的人？有什麼樣的特質？
B. 該如何與這種個性的人相處？

● 針對事的宮位，分析
A. 會發生什麼事？
B. 建議如何應對？

*宮位幸運指數計算法：

要計算一個宮位的幸運指數，就是加總計算所有「屬吉的奇門符號（紅色）」的分數。例如，以圖30的「事業宮」為例，參照右上角表格。事業宮的「太陰」為吉

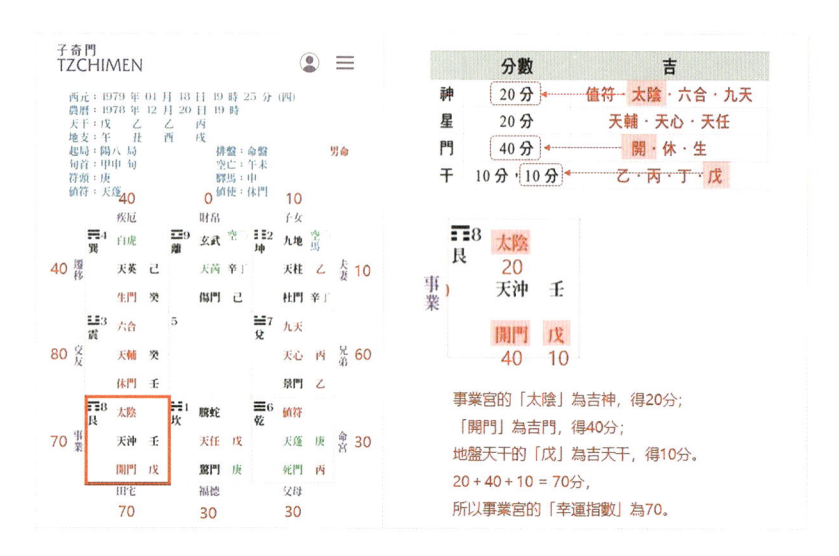

第 8 堂課　一份完整的命盤解讀實例

圖 30：宮位幸運指數計算法。

神，得20分；「開門」為吉門，得40分；地盤天干的「戊」為吉天干，得10分，20＋40＋10＝70分，所以事業宮的「幸運指數」為70。

又以圖30的「命宮」為例，參照右上角表格。命宮只有「值符」為吉神，得20分，以及地盤天干的「丙」為吉天干，得10分。20＋10＝30分，所以命宮的「幸運指數」為「30」。

一份「奇門遁甲本命盤命書」組成部分及示例：

在此，我們以命主的姓名「周文強」，男命，生辰為「一九七九年一月十八日19時25分」為例，示範一份命書的樣板。讀者可依此為範本，為命主製作一份命書。

1. 表頭（標示出是哪位命主的本命盤解析報告，及由哪位老師所解析）。
2. 命主的個人資料（姓名、生辰、男命或女命）。
3. 命主的奇門遁甲命盤（奇門本命盤，人事十二宮幸運指數），如圖31-1及31-2。
4. 命主命盤的綜合論斷（命格解析，幸運與弱勢宮位，綜合建議），如圖32。
5. 奇門本命盤十二宮位，分宮解析（參見下一節）。

● 針對人的宮位，分析（以命宮為例），如圖33。
A. 他是什麼樣的人？有什麼樣的特質？
B. 該如何與這種個性的人相處？

● 針對事的宮位，分析（以事業宮為例），如圖34。
A. 會發生什麼事？
B. 建議如何應對？

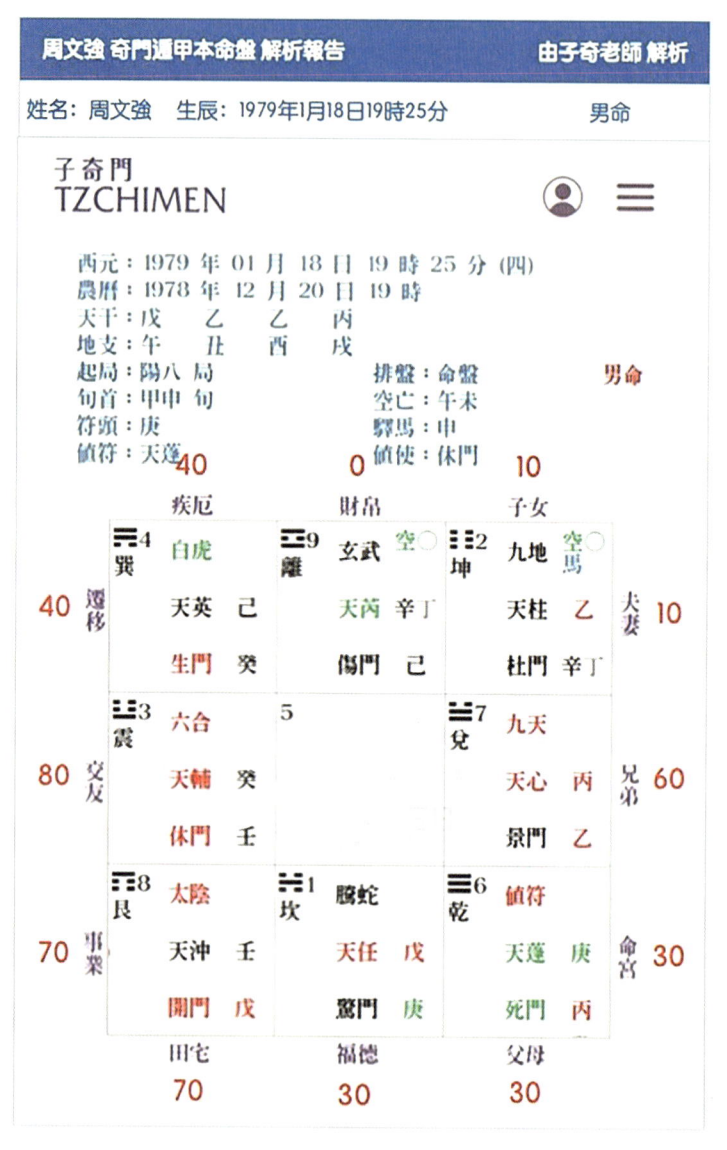

第 8 堂課　一份完整的命盤解讀實例

周文強 奇門遁甲本命盤 解析報告　　由子奇老師 解析

姓名：周文強　生辰：1979年1月18日19時25分　　　男命

子奇門
TZCHIMEN

西元：1979 年 01 月 18 日 19 時 25 分 (四)
農曆：1978 年 12 月 20 日 19 時
天干：戊　乙　乙　丙
地支：午　丑　酉　戌
起局：陽八局　　　排盤：命盤　　　男命
旬首：甲申 旬　　　空亡：午未
符頭：庚　　　　　驛馬：申
值符：天蓬　　　　值使：休門

	疾厄 40	財帛 0	子女 10	
	☴ 4 巽　白虎　天英 己　生門 癸	☲ 9 離　玄武 空○　天芮 辛 丁　傷門 己	☷ 2 坤　九地 空○ 馬　天柱 乙　杜門 辛 丁	
40　遷移				夫妻 10
	☳ 3 震　六合　天輔 癸　休門 壬	5	☱ 7 兌　九天　天心 丙　景門 乙	
80　交友				兄弟 60
	☶ 8 艮　太陰　天沖 壬　開門 戊	☵ 1 坎　螣蛇　天任 戊　驚門 庚	☰ 6 乾　值符　天蓬 庚　死門 丙	
70　事業				命宮 30
	田宅 70	福德 30	父母 30	

圖 31-1：命主本命盤解析報告，含「表頭」、「命主生辰」、「奇門命盤」及「宮位幸運指數」。

	分數	吉
神	20分	值符．太陰．六合．九天
星	20分	天輔．天心．天任
門	40分	開．休．生
干	10分，10分	乙．丙．丁．戊

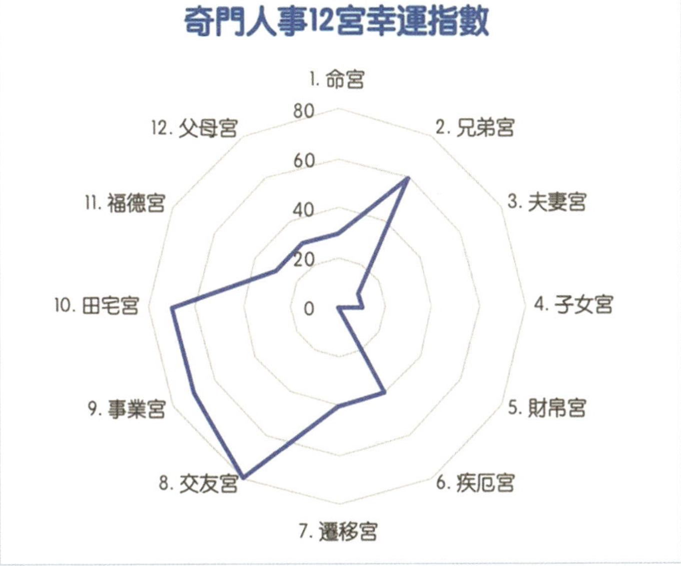
奇門人事12宮幸運指數
1. 命宮
2. 兄弟宮
3. 夫妻宮
4. 子女宮
5. 財帛宮
6. 疾厄宮
7. 遷移宮
8. 交友宮
9. 事業宮
10. 田宅宮
11. 福德宮
12. 父母宮
80
60
40
20
0

圖 31-2：命主本命盤解析報告，含「表頭」、「命主生辰」、「奇門命盤」及「宮位幸運指數」。

【綜合論斷】命格解析與此生生活的重點

A. 命格解析：

你的命宮中，八神為值符，代表思想正面積極，得神庇佑，擁有權勢並且多貴人相助。你通常德高望重，給人信任感和可靠感，這讓你在父母、長輩或上司面前顯得特別重要和受尊敬。九星為天蓬，顯示你的個性勇敢無畏，敢於拚搏和冒險，但有時會顯得行事衝動，甚至不計後果。八門為死門，意味著你在與人交往或處理事情時較為保守、遲鈍且不靈活，常常固執己見，不願改變。

天盤天干為庚，顯示你的外表強硬、霸道，不服輸，就像金屬一樣堅硬。而地盤天干為丙，則顯示你的內心熱情、行動力強，願意犧牲付出，但脾氣火爆，行事欠缺深思熟慮。

B. 此生生活重點：

- **幸運宮位：**「交友宮」、「事業宮」及「田宅宮」是你的幸運宮位。此生你的生活重心可以放在積極參加社交活動，擴展人脈，並真誠待人，就容易獲得人際資源的支持和貴人相助。其次，在事業上設定明確目標，制定具體計劃，勇於承擔責任，提升專業技能，保持競爭力，抓住升遷機會。最後，合理投資房產，學習不動產管理知識，將賺來的金錢好好累積以提升家庭的財富，同時維護良好的家庭關係，營造和諧的家庭環境。通過這些方法及善用你在幸運宮位所帶來的優勢，你可以充分把握這三個宮位帶來的好運，創造屬於自己的成功和幸福。

- **弱勢宮位：**「夫妻宮」、「子女宮」及「財帛宮」是你的弱勢宮位。首先，夫妻宮方面，要加強與伴侶的溝通，增進理解和信任，避免因誤解而產生的矛盾，維護婚姻和諧。其次，子女宮方面，多關心和支持子女的成長和教育，積極參與他們的生活，培養他們的自信和獨立性。最後，財帛宮方面，學習理財知識，合理規劃財務，避免盲目投資和過度消費，積極儲蓄和管理資產，確保財務穩定。通過這些方法，你可以減少這三個宮位帶來的損失和風險，逐漸轉弱為強，實現成功和幸福。

通過把握幸運宮位的機會及從弱勢宮位學習如何成長與改變，我可以更好地利用自己的優勢，同時克服個性中的不足，達到更加平衡和成功的生活。

圖 32：綜合論斷，含命格解析、幸運與弱勢宮位、綜合建議。

1.【命宮】論斷解析：八神為值符、九星為天蓬、八門為死門、天盤與地盤天干為庚＋丙

命宮（人）：主思考想法，是精神上的我，為太極點。

A. 我是什麼樣的人，有什麼樣的特質：

我的命宮中，八神為值符，代表我的思想正面積極，得神庇佑，擁有權勢並且多貴人相助。我通常德高望重，給人信任感和可靠感，這讓我在父母、長輩或上司面前顯得特別重要和受尊敬。九星為天蓬，顯示我的個性勇敢無畏，敢於拚搏和冒險，但有時會顯得行事衝動，甚至不計後果。八門為死門，意味著我在與人交往或處理事情時較為保守、遲鈍且不靈活，常常固執己見，不願改變。

天盤天干為庚，顯示我的外表強硬、霸道，不服輸，就像金屬一樣堅硬。而地盤天干為丙，則顯示我的內心熱情、行動力強，願意犧牲付出，但脾氣火爆，行事欠缺深思熟慮。

B. 該如何發揮我的哪些長項，提醒改變我的哪些弱項：

- **在如何發揮我的長項方面**：首先，我的思想正面且有貴人運，應該充分利用這一點，表現出對他人的尊重和信任，這樣可以更容易得到他人的認同和支持。在勇於冒險和拚搏方面，我應該繼續保持這種膽識，但要學會更好地評估風險，避免貪婪和衝動行事。發揮自己的熱情與行動力，多尋求理性和穩定的建議，幫助自己作出更明智的決策。

- **在提醒改變我的弱項方面**：由於我在交往中可能較為固執和不靈活，需要學會更靈活和開放地對待不同意見和建議，努力改變固執己見的態度。強硬和霸道的外表可能會讓人感到壓力，因此需要在表達自己的立場時保持堅定而不對抗的態度，學會用更柔和的方式與人溝通。最後，我內心急躁易怒，應該學會更好地控制情緒，多給自己一些冷靜和深思熟慮的時間，避免在情緒衝動時做出決策，這樣可以減少出錯的機會。

通過發揮長項和改變弱項，我可以更好地利用自己的優勢，同時克服個性中的不足，達到更加平衡和成功的生活。

圖33：分宮解析示例，針對人的宮位：【命宮】論斷解析。

9.【事業宮】論斷解析：八神為太陰、九星為天沖、八門為開門、天盤與地盤天干為壬+戊

事業宮（事）：代表工作、行業、事業發展以及成就。

A. 會發生什麼事：

在事業宮中，太陰作為吉神，象徵著在工作和事業方面有貴人暗中相助，這種幫助可能是來自於上司、同事或者其他重要人物的支持，讓你的事業發展更加順利。此外，太陰還可能帶來升遷的機會，讓你在職場上更進一步。然而，太陰也代表著陰私之事，提醒你在工作中要謹慎處理與女性相關的敏感問題，避免捲入不必要的麻煩。

九星中的天沖星為吉星，表示你在工作中行動力強，做事果斷敏捷，這將有助於你在事業上的快速發展和突破。八門中的開門為吉門，預示著你的事業將有良好的開拓和發展機會，特別是有利於創業、升遷和仕途順利。開門的能量將幫助你在工作中找到正確的途徑和方法，使你的事業發展更加順利和成功。

天干格局為壬+戊，意味著你的事業將迎來轉運的好時機，前途有提升之象，並且會遇到貴人的提攜和幫助，找到強大的支持因素。

B. 建議如何應對：

面對事業宮中這些積極的預示，首先要把握好貴人相助的機會，主動尋求上司、同事或者其他重要人物的支持和幫助，這將有助於你在事業上的快速發展。天沖星的影響下，你需要利用好自己的行動力和果斷性，勇於接受挑戰和突破，但是也要控制好自己的脾氣，避免因為衝動而與他人發生衝突。開門帶來的良好機會，你應該積極把握，特別是創業、升遷和仕途上的機會，找到正確的途徑和方法，使你的事業發展更加順利和成功。

天干格局為壬+戊，意味著你在事業上的運勢將迎來轉機，要積極尋求貴人的提攜和幫助，找到強大的支持因素，這將為你的事業發展提供強有力的保障。

圖 34：分宮解析示例，針對事的宮位：【事業宮】論斷解析。

第二節 奇門本命盤十二宮位解析

（以上一節周文強命盤為例）

1. 命宮：代表自己，主思考想法，是精神上的我，為太極點。

命宮的八神為值符、九星為天蓬、八門為死門、天盤與地盤天干為庚＋丙。

A. 我是什麼樣的人，有什麼樣的特質：

我的命宮中，八神為值符，代表我的思想正面積極，得神庇佑，擁有權勢並且多貴人相助。我通常德高望重，給人信任感和可靠感，這讓我在父母、長輩或上司面前顯得特別重要和受尊敬。九星為天蓬，顯示我的個性勇敢無畏，敢於拚搏和冒險，但有時會顯得行事衝動，甚至不計後果。八門為死門，意味著我在與人交往或處理事情時較為保守、遲鈍且不靈活，常常固執己見，不願改變。

天盤天干為庚，顯示我的外表強硬、霸道，不服輸，就像金屬一樣堅硬。而地盤天干為丙，則顯示我的內心熱情、行動力強，願意犧牲付出，但脾氣火爆，行事欠缺

B. 該如何發揮我的哪些長項，提醒、改變我的哪些弱項：

(1) 在如何發揮我的長項方面：首先，我的思想正面且有貴人運，應該充分利用這一點，表現出對他人的尊重和信任，這樣可以更容易得到他人的認同和支持。在勇於冒險和拚搏方面，我應該繼續保持這種膽識，但要學會更好地評估風險，避免貪婪和衝動行事。發揮自己的熱情與行動力，多尋求理性和穩定的建議，幫助自己做出更明智的決策。

(2) 在提醒、改變我的弱項方面：由於我在交往中可能較為固執和不靈活，需要學會更靈活和開放地對待不同意見和建議，努力改變固執己見的態度。強硬和霸道的外表可能會讓人感到壓力，因此需要在表達自己的立場時保持堅定而不對抗的態度，學會用更柔和的方式與人溝通。最後，我內心急躁易怒，應該學會更好地控制情緒，多給自己一些冷靜和深思熟慮的時間，避免在情緒衝動時做出決策，這樣可以減少出錯的機會。

透過發揮長項和改變弱項，我可以更好地利用自己的優勢，同時克服個性中的不足，達到更加平衡和成功的生活。

深思熟慮。

2. 兄弟宮：代表兄弟，主兄弟情緣。

兄弟宮的八神為九天、九星為天心、八門為景門、天盤與地盤天干為丙＋乙。

A. 他是什麼樣的人，有什麼樣的特質：

兄弟宮中，八神為九天，代表兄弟姊妹的思想活躍，意志堅強，具有高遠的志向和強烈的企圖心。他好動且高調，威嚴威猛，膽大好強，心高氣傲，喜歡爭勝，經常給人一種張揚的感覺。九星為天心，顯示這個兄弟在團體或公司中常常是核心人物，有領導才能，聰明有智慧，心思縝密，擅長組織策劃和管理，能成就大事，且對學術、心理學、哲學等有很高的興趣。八門為景門，意味著他外表美貌帥氣，喜歡打扮和追求流行，能說會道，知書達理，有願景和理想，但也可能虛榮心強，自我欣賞，脾氣急躁，愛幻想。

天盤天干為丙，顯示他外表熱情、行動力強、願意犧牲付出，但脾氣火爆，行事欠缺深思熟慮。地盤天干為乙，則代表他內心溫和、順從，容易猶豫不決，情感豐富，多愁善感。

B. 該如何與這種個性的人相處：

與這樣的兄弟姊妹相處，需要謹記幾點。首先，他的思想活躍且有高遠志向，應

該多給予支持和鼓勵，尊重他的意見和想法，這樣他會感受到你的尊重和認可。在他展現出領導才能和智慧時，要充分信任他，讓他在組織和策劃上發揮所長，並且給予適當的讚美和肯定。

由於他有時會顯得虛榮和自命不凡，需要適時提醒他腳踏實地，不要過於追求表面的風光。在他脾氣急躁或行事欠缺深思熟慮時，先以冷靜和理性的態度與他溝通，幫助他平復情緒並做出更周全的決策。

在日常相處中，多關心他的內心感受，理解他的多愁善感和猶豫不決，給予他更多的支持和安慰。同時，也要引導他學會更果斷地做出決定，避免因過度猶豫而錯失良機。

總之，與這樣的手足相處，需要尊重他的智慧和領導才能，給予適當的支持和鼓勵，幫助他在追求高遠志向的同時，保持腳踏實地，並且理解和關心他的內心感受，這樣可以建立更加和諧和穩定的兄弟情誼。

3. **夫妻宮：代表配偶，一生的異性情緣。**

夫妻宮的八神為九地、九星為天柱、八門為杜門、天盤天干為乙、地盤天干為辛。

A. 他是什麼樣的人，有什麼樣的特質：

夫妻宮中，八神為九地，代表這個配偶的思想偏向保守和低調，性格上較為固執和慢步調，喜好安靜和穩定，不太具有上進心，對冒險和挑戰持消極態度，生活中也比較節儉吝嗇。九星為天柱，顯示這個配偶具有辯才，喜歡與人爭辯，甚至有時會唱反調或詆毀別人，具有破壞性。這樣的性格使得他不容易與他人和睦相處，但也因為能說善道，能在關鍵時刻獨當一面，肩挑大樑，力挽狂瀾。八門為杜門，意味著他文靜內向，不善表達，講話遮遮掩掩，難以直接表達心聲，動作緩慢，喜歡獨處，經常會閉門研究技術或在學問上有出色表現。

天盤天干為乙，顯示他外表溫和順從，性格上柔順，如同藤蔓植物，能適應環境，但也容易顯得軟弱和猶豫不決。地盤天干為辛，則代表他內心叛逆，喜歡創新和改革，有時脾氣硬，不服輸，容易犯錯，但也有些虛榮和自我中心的傾向。

B. 該如何與這種個性的人相處：

與這樣的配偶相處，需要謹記幾點。首先，他的思想較為保守和低調，因此應該給予他更多的安全感和穩定的環境，不要強迫他去接受過多的變化和挑戰。理解他的節儉和吝嗇，在家庭財務上多做溝通，讓他明白適度的花費是必要的。

由於他喜歡與人爭辯和唱反調，在遇到意見不合時，應該保持冷靜，不要與他正

面衝突,而是以理性和平和的態度與他討論問題,並且要學會適當地讓步和妥協。對於他不善表達和內向的特質,多給予關心和耐心,鼓勵他多抒發自己的想法和感受,讓他感到被理解和重視。

在他表現出叛逆和創新的時候,要給予一定的自由度,讓他去嘗試新的事物和想法,並且在他犯錯時給予包容和引導,幫助他從錯誤中學習和成長。理解他的虛榮和自我中心的傾向,多讚美和肯定他的優點,讓他感到自信和被認可。

總之,與這樣的配偶相處,需要尊重他的保守和低調,給予安全感和穩定的環境,理解和包容他的辯才和叛逆,多給予關心和耐心,讓他感到被理解和重視,這樣可以建立更加和諧和穩定的夫妻關係。

4. **子女宮:代表子女、晚輩、下屬、學生、寵物。**

子女宮的八神為九地、九星為天柱、八門為杜門、天盤天干為乙、地盤天干為辛。

A. 他是什麼樣的人,有什麼樣的特質:

子女宮中,八神為九地,代表這個孩子的思想保守和低調,性格上較為固執和緩慢,喜好安靜和穩定,不太具有上進心,對冒險和挑戰持消極態度,生活中也比較

節儉吝嗇。九星為天柱，顯示這個孩子具有辯才，喜歡與人爭辯，甚至有時會唱反調或詆毀別人，具有破壞性。這樣的性格使得他不容易與他人和睦相處，但也因為能說善道，能在關鍵時刻獨當一面，肩挑大樑，力挽狂瀾。八門為杜門，意味著他文靜內向，不善表達，講話遮遮掩掩，難以直接表達心聲，動作緩慢，喜歡獨處，經常會在閉門研究技術或學問上有出色表現。

天盤天干為乙，顯示他外表溫和順從，性格上柔順，如同藤蔓植物，能適應環境，但也容易顯得軟弱和猶豫不決。地盤天干為辛，則代表他內心叛逆，喜歡創新和改革，有時脾氣硬，不服輸，容易犯錯，但也有些虛榮和自我中心的傾向。

B. 該如何與這種個性的人相處：

與這樣的子女相處，需要謹記幾點。首先，他的思想較為保守和低調，因此應該給予他更多的安全感和穩定的環境，不要強迫他去接受過多的變化和挑戰。理解他的節儉和吝嗇，在財務心態上多做溝通，讓他明白適度的花費是必要的。

由於他喜歡與人爭辯和唱反調，在遇到意見不合時，應該保持冷靜，不要與他正面衝突，而是以理性和平和的態度與他討論問題，並且要學會適當地讓步和妥協。對於他不善表達和內向的特質，多給予關心和耐心，鼓勵他多表達自己的想法和感受，讓他感到被理解和重視。

第 8 堂課　一份完整的命盤解讀實例

在他表現出叛逆和創新的事物和想法，並且在他犯錯時給予包容和引導，幫助他從錯誤中學習和成長。理解他的虛榮和自我中心的傾向，多讚美和肯定他的優點，讓他感到自信和被認可。

總之，與這樣的子女相處，需要尊重他的保守和低調，給予安全感和穩定的環境，理解和包容他的辯才和叛逆，多給予關心和耐心，讓他感到被理解和重視，這樣可以建立更加和諧和穩定的親子關係。

5. 財帛宮：代表現金流、收入、花用財、求財行業、財務狀況、賺錢能力、財運及財富。

財帛宮的八神為玄武、九星為天芮、八門為傷門、天干格局為辛+己。

A. 會發生什麼事：

在財帛宮中，玄武代表欺瞞、詐騙和暗中操作的現象，特別是在財務方面。這可能會導致在金錢交易或投資中遇到騙局或詐欺，甚至可能因為貪心而不慎被人騙取財物。此外，玄武的能量也暗示著有私下進行的金錢交易或非法行為，如貪污、行賄等。九星中的天芮為凶星，表示在財務上可能會面臨一些固執的問題，發展遲緩，甚至有疾病或其他阻礙。這些問題可能會影響到收入來源或賺錢的機會，使得財務狀況

停滯不前或有倒退的風險。

八門中的傷門更是增加了困難，預示著可能會有財務上的損失或意外事件，例如投資失敗、意外支出或被迫進行破壞性的財務調整。最後，辛＋己的天干格局意味著錯誤可能是由自己造成的，並且會感到被背叛或受委屈，這些情況可能是因為輕信他人或過度慷慨而引起的。

B. 建議如何應對：

首先，面對財帛宮中這些負面的預示，建議在金錢和投資上要格外謹慎。應該避免參與高風險或不明來源的投資，並且在進行財務交易時要保持警惕，仔細審查所有細節和條款。

其次，對於來路不明的財務機會或提議，應該保持懷疑態度，不要輕信他人的話語，避免被人欺騙。對於可能出現的阻礙，要做好預防措施，如儲備應急資金。遇到財務上的困難或問題時，可以考慮尋求專業財務顧問的建議，以避免錯誤的決策。

此外，辛＋己的格局提醒我們在幫助他人時要三思而後行，不要輕易干涉他人的糾紛，避免因為他人的問題而影響到自己的財務狀況。

總之，在這段時間內，保持謹慎和警惕，避免輕信和冒險，並加強自我保護，才能更好地應對財帛宮中的各種挑戰。

6. 疾厄宮：

代表個人的健康、疾病、困難以及與之相關的生活領域，也代表一個人在身體健康、工作環境以及家庭運勢等方面可能遇到的問題和挑戰。

疾厄宮的八神為白虎、九星為天英、八門為生門、天盤天干為己、地盤天干為癸。

A. 會發生什麼事：

在疾厄宮中，白虎作為凶神，預示著健康上的嚴重挑戰和困難。這可能意味著病痛或災難，特別是那些難以治癒的疾病。白虎的影響可能使人面臨嚴重的健康危機，如重病或需要長期治療的疾病。此外，白虎還可能帶來意外的傷害或災難，使得健康狀況更加複雜和困難。

九星中的天英星為凶星，代表熱和虛象，這意味著在健康問題上可能出現表面症狀掩蓋了更深層次的健康問題，使得醫治只停留在治標而非治本的階段。這會導致健康問題反覆發作，難以徹底解決。

生門雖然是吉門，但在健康方面則預示著疾病處於活躍或發展狀態，意味著健康問題仍在進一步發展，需要高度重視。

天盤天干為己，提醒需要關注腸胃或腫瘤方面的健康問題，而地盤天干為癸，則提示要注意腎臟和泌尿系統的健康狀況。

B. 建議如何應對：

面對疾厄宮中這些負面的預示，首先要高度重視自己的健康狀況，及早進行身體檢查，特別是針對腸胃、腫瘤以及腎臟和泌尿系統方面的問題。建議在日常生活中養成良好的飲食習慣和作息規律，避免過度勞累和壓力，從根本上提升自身的免疫力和抵抗力。針對目前的健康問題，應該尋求專業的醫療意見，進行全面的檢查和治療，避免只治標不治本的治療方式。

生門雖然是吉門，但仍代表疾病呈活躍狀態，因此建議積極採取預防措施，定期進行健康檢查，及早發現和處理潛在的健康問題。針對白虎帶來的意外傷害風險，應該提高自身的安全意識，避免從事高風險的活動，並在日常生活中多加小心，預防各種意外的發生。

總之，面對疾厄宮中的各種挑戰，最重要的是保持警惕，積極預防，及早發現和處理健康問題，並在必要時尋求專業的醫療幫助，以確保自身的健康和安全。

7. 遷移宮：代表個人的移動、旅行、社會交往以及與外界的各種互動。代表個人在外際遇（工作、求財、人際關係方面）的好壞，遇見貴人或小人，以及人際交往的表現。

遷移宮的八神為白虎、九星為天英、八門為生門、天干格局為己＋癸。

A. 會發生什麼事：

在遷移宮中，白虎作為凶神，暗示在個人的出差、旅行、在外際遇或人際交往等方面可能會遇到一些負面的事件，如對手、競爭者或小人出現，甚至可能會面臨傷災、疾病、爭鬥、競爭、官非等問題。這些情況會給個人在外的際遇帶來諸多困擾和挑戰，特別是在工作、求財和人際關係方面，可能會遭遇到不必要的麻煩或阻礙。

此外，九星中的天英星也是凶星，雖然它帶來了桃花星的能量，有助於提升個人的社交能力和知名度，但也容易引發一些虛榮心作祟的情況，使人過於追求表面上的光鮮亮麗，而忽略了實質性的問題。天英星的影響可能會讓人在社交場合中表現出色，但內心卻隱藏著不安和壓力。

生門作為吉門，則預示著在外界的互動中還是有一些正面的機會，例如生意上的成功、財運的增加和人際關係的拓展，這些都可以為個人帶來一定的助力和支持。

天干格局為己＋癸，則提醒我們在這段時間內，容易捲入一些見不得光的事情或非法活動，並且可能會因為這些事情而惹上口舌是非，甚至上當受騙，這樣的不正當行為會引發一系列的問題和麻煩。

B. 建議如何應對：

面對遷移宮中這些複雜的影響，首先需要提高警惕，特別是在旅行和人際交往，要時刻保持謹慎和警覺。建議在選擇合作夥伴和交友時，要仔細審視對方的真實意圖，避免被小人陷害或捲入不必要的爭鬥和麻煩。在處理工作和求財時，要腳踏實地，避免過於追求表面的風光和虛榮，應該更關注實質性的成果和長遠的發展。

天英星雖然能提升社交能力，但也容易讓人迷失在表象中，因此應該時刻提醒自己，保持內心的平靜和穩定。生門帶來的正面能量提示我們，在外界互動中還是有很多機會可以抓住，例如擴展業務、提升收入和建立有利的人際關係，這些都需要積極把握和利用。

最後，針對天干格局為己＋癸所帶來的挑戰，建議在行事和決策時要特別注意法律和道德底線，避免捲入非法或見不得光的活動，並且要提高自我保護意識，防止上當受騙。

總之，面對遷移宮中的各種挑戰，最重要的是保持警覺，謹慎行事，積極抓住機會，同時要守住法律和道德的底線，以確保自己的安全和順利。

8. 交友宮：代表同事、同學、平輩與人際交往。

交友宮的八神為六合、九星為天輔、八門為休門、天盤天干為癸、地盤天干為壬。

A. 他是什麼樣的人，有什麼樣的特質：

交友宮中，八神為六合，代表對方思想親和，具有良好的人緣與和平的性格。他性格開朗，愛笑陽光，擁有吸引人的魅力和可愛的特質，喜歡幫助他人，常常在朋友中充當調解者或說和者。這樣的特質使他在人際交往中非常受歡迎，容易建立和諧的人際關係。九星為天輔，顯示這個人心慈而善，有愛心，喜歡幫助他人，具備輔佐和指導他人的能力，並且有奉獻精神。他有文化內涵，彬彬有禮，氣質高雅含蓄，謙恭禮讓，這使得他在人際關係中往往扮演重要的角色。八門為休門，意味著他在與人交往時態度輕鬆愉悅，和順平靜，語音溫和，能夠隨遇而安，不急不躁，讓人感到安然自得。

天盤天干為癸，顯示他外表多愁善感，容易被情緒所困擾，有時顯得柔弱和敏感。地盤天干為壬，則代表他內心任性，心性不定，隨波逐流，容易受到外界影響，沒有堅定的立場，情感豐富且多情。

B. 該如何與這種個性的人相處：

與這樣的人相處，需要謹記幾點。首先，他具有良好的親和力和平和的性格，因此在與他交往時，可以放輕鬆，保持自然，這樣更容易建立起信任和友誼。尊重他

在朋友中調解與說和角色，給予他適當的肯定和支持，讓他感受到自己的價值和重要性。

由於他心慈善良，喜歡幫助他人，可以多向他請教或尋求他的建議，這會讓他感到被需要和重視。在他展現出謙恭禮讓和高雅氣質時，盡量多表現尊重和欣賞，這樣可以增進彼此的默契和了解。

在他多愁善感和情緒波動時，需要給予他更多的關心和理解，不要急於評論或批評，而是以支持和安慰為主，幫助他度過情緒的低谷。對於他內心任性和心性不定的特質，透過溫和與耐心的態度引導他，幫助他找到更穩定和堅定的立場，不讓他隨波逐流。

總之，與這樣的人相處，需要予以尊重和支持，並理解和包容他的情感波動和任性，多給予關心和耐心，這樣可以建立更加和諧與穩定的人際關係。

9. 事業宮：代表工作、行業、事業發展以及成就。

事業宮的八神為太陰、九星為天沖、八門為開門、天干格局為壬+戊。

A. 會發生什麼事：

在事業宮中，太陰作為吉神，象徵在工作和事業方面有貴人暗中相助，這種幫助

可能來自於上司、同事或者其他重要人物的支持，讓你的事業發展更加順利。太陰的能量也意味著你在工作中會遇到一些密謀策劃的機會，可能需要參與到一些較為隱密的計劃，而這些計劃對於你的職業生涯有積極的影響。此外，太陰也可能帶來升遷的機會，讓你在職場上更進一步。然而，太陰也代表著隱私之事，提醒你在工作中要謹慎處理與女性相關的敏感問題，避免捲入不必要的麻煩。

九星中的天沖星為吉星，表示你在工作中行動力強，做事果斷敏捷，這將有助於你在事業上的快速發展和突破。然而，天沖星也有衝動、易怒的特點，可能會導致你與他人發生衝突，需要特別注意自己的言行舉止。八門中的開門為吉門，預示著你的事業將有良好的開拓和發展機會，特別是有利於創業、升遷和仕途順利。開門的能量將幫助你在工作中找到正確的途徑和方法，使你的事業發展更順利和成功。

天干格局為壬+戊，意味著你的事業將迎來轉運的好時機，前途有提升之象，並且會遇到貴人的提攜和幫助，找到強大的支持因素。

B. 建議如何應對：

面對事業宮中這些積極的預示，首先要把握好貴人相助的機會，主動尋求上司、同事或者其他重要人物的支持和幫助，這將有助於你在事業上快速發展。太陰的能量提醒你要留心籌備與策劃，有可能將參與重要的計劃，而這些計劃對於你的職業生涯將帶來

積極的影響。同時，要謹慎處理與女性相關的敏感問題，避免捲入不必要的麻煩。

天沖星的影響下，你需要展現自身行動力和果斷，勇於接受挑戰和突破，但是也要控制好脾氣，避免因為衝動而與他人發生衝突。開門帶來的良好機會，你應該積極把握，特別是創業、升遷和仕途上的機會，找到正確的途徑和方法，使你的事業發展更加順利和成功。

天干格局為壬+戊，意味著你在事業上的運勢將迎來轉機，要積極尋求貴人的提攜和幫助，找到強大的支持因素，這將為你的事業發展提供強而有力的保障。

總之，在這段時間內，保持積極進取的態度，謹慎處理人際關係，抓住機會，充分利用貴人的幫助和支持，將有助於你在事業上順利發展和提升。

10. 田宅宮：代表家庭的存款、股票、不動產，一個人財富累積的多寡；也代表家人關係與家庭運勢。

田宅宮的八神為太陰、九星為天沖、八門為開門、天干格局為壬+戊。

A. 會發生什麼事：

在田宅宮中，太陰作為吉神，意味著家庭財務和不動產方面可能會受到女性家庭成員的幫助或影響。這種幫助可能源自女性家庭成員提供的財務支援，或在置產決策

上的建議和幫助。此外，太陰的能量也暗示家庭關係中可能存在一些隱私問題，但這些問題可以透過女性成員的智慧和庇護得到解決和保護。

九星中的天沖星為吉星，預示著房產或家庭財富可能會有快速的變動，可能表現為房產市場的急劇波動或變化大的資產重組。這種變動可能帶來財富的快速增長，但也可能帶來一定的風險，須謹慎應對。家庭成員之間可能因溝通不良而引發衝突和對立，需要特別注意家庭成員之間的溝通和協調。

開門作為吉門，則預示著在這段時間內，家庭財務和不動產方面會有良好的發展機會，房產或大型資產可能增值，有財富積累的機會。此外，家人之間的溝通會更加暢通，家庭關係也會變得更加和諧。

天干格局為壬+戊，意味著家庭運勢將迎來轉運的好時機，家運有提升之象，可能會遇到貴人相助，提供強大的支持和幫助，特別是男人可能會在事業上取得發展，而女人則有可能添丁得子，家庭成員增加。

B. 建議如何應對：

面對田宅宮中的這些積極預示，首先要重視和善用女性家庭成員的幫助，特別是在財務和置產決策上，可以多聽取她們的意見和建議。針對太陰帶來潛藏的問題，要及早發現和處理，透過溝通和協調來解決家庭關係中的矛盾和問題。天沖星的影響

11. 福德宮：代表靈性、天賦、福分，也代表興趣、嗜好、享受。

福德宮的八神為騰蛇、九星為天任、八門為驚門、天干格局為戊＋庚。

A. 會發生什麼事：

在福德宮中，騰蛇作為凶神，意味著個人在精神或情感上可能會遇到一些波動和

下，家庭財富和房產可能會有快速變動，因此需要謹慎應對房產市場的波動，合理配置資產，避免因為過度投機而帶來的風險。

同時，應加強家庭成員之間的溝通，以防因為溝通不良而引發的衝突和對立。開門帶來的良好發展機會，要積極把握，特別是在房產和大型資產增值方面，可以考慮進行合理的投資和布局，以實現財富的增值和積累。此外，家庭成員之間的溝通要保持暢通，促進家庭和諧。天干格局為壬＋戊，預示著家運將迎來轉運的好時機，要積極尋求貴人的幫助和支持，這將有助於提升家庭的整體運勢。

男人在事業上的發展，特別要積極把握機會，女人則要注意健康和家庭的和諧，為家庭增添新的成員做好準備。

總之在這段時間內，保持謹慎和積極的態度，合理利用家庭成員的智慧和支持，將有助於實現家庭財富和運勢的提升。

不穩定。這些波動可能源於內心的焦慮、恐懼或不確定感，並可能導致生活滿意度的下降。騰蛇的能量也暗示著變化、反覆和纏繞，這意味著你可能會面臨一些虛假的訊息或情況，需要特別注意避免被誤導。此外，騰蛇還可能帶來惡夢或驚恐，影響你的精神狀態和生活品質。

九星中的天任星為吉星，表示在福德宮中，你會因承擔責任和堅持傳統價值信仰而獲得心靈上的滿足與穩定。天任星的能量讓你忠厚誠實，樂於助人，並且對自己的目標堅持不懈，這些特質將幫助你在精神和靈性上得到提升。然而，天任星也可能讓你變得過於保守和固執，不敢放手，安於現狀。

八門中的驚門為凶門，預示著你可能會遇到一些突如其來的挑戰或意外事件，這些事件可能會影響你的心理情緒和幸福感。驚門的影響下，你需要迅速適應變化，避免與人發生口舌爭執或官司衝突，平安度過才是最好的福報。

天干格局為戊＋庚，這是一個動格，意味著你在這段時間內可能會有換地方、換人的情況發生，這種變動可能會進一步影響你的精神和情感狀態。

B. 建議如何應對：

面對福德宮中的這些挑戰，首先要保持內心的平靜和穩定。騰蛇帶來的精神和情感波動需要透過自我調節和放鬆來應對，可以嘗試進行冥想、瑜伽或其他休閒活動來減

輕內心的焦慮和恐懼。同時要警惕虛假的訊息，保持清醒的頭腦不被誤導。針對天任星的影響，建議你在追求心靈滿足和穩定的同時，也要適度放寬對傳統價值的過度堅持，嘗試在保守與創新之間找到平衡，才能更好地適應環境變化。

驚門帶來突如其來的挑戰和意外事件，需要你保持冷靜，迅速應對變化，避免與人發生衝突。在這段時間內，保持良好的人際關係，與家人和朋友多溝通，減少心理壓力。

天干格局為戊＋庚，意味著變動在所難免，你需要做好心理準備，接受變化，並從中尋找機會和成長點。

總之，面對福德宮中的各種挑戰，最重要的是保持內心的平靜，積極應對變化，透過自我調節和人際互動來提升自己的靈性和幸福感。

12. 父母宮：代表父母、長輩、上司、師長。

父母宮的八神為值符、九星為天蓬、八門為死門、天干格局為庚＋丙。

A. 他是什麼樣的人，有什麼樣的特質：

父母宮中，八神為值符，代表這個人的思想正面，得神庇佑，擁有權勢且多貴人相助。他通常德高望重，可能是父母、長輩、老闆或上司，具有一定的地位和威望，

能夠給予他人支持和幫助。九星為天蓬，顯示這個人勇敢無畏，敢於拚搏和冒險，但有時也會顯得行事衝動，不計後果。這樣的特質使得他在追求目標時非常堅定，但也可能因過度冒險而面臨失敗。八門為死門，意味著他在與人交往或處理事情時較為保守、遲鈍且不靈活，常常固執己見，不願改變，這可能會讓他顯得呆板且不容易適應變化。

天盤天干為庚，顯示他的外表強硬、霸道，不服輸，像金屬一樣堅硬。而地盤天干為丙，則代表他的內心急躁，脾氣火爆，行事欠缺深思熟慮，容易在情緒衝動時做出決策。

B. 該如何與這種個性的人相處：

與這樣的人相處，需要謹記幾點。首先，他的思想正面且有貴人運，應該充分利用這一點，表現出對他的尊重和信任，這樣可以更容易得到他的認同和支持。在他勇於冒險和拚搏方面，可以給予鼓勵，但要提醒他注意風險，避免貪婪和衝動行事。多給予理性和穩定的建議，幫助他做出更明智的決策。

在他表現出固執和不靈活時，需要用耐心和策略來溝通，尋找他可以接受的方式和理由來說服他。表現出對他的理解和包容，並且適時地給予溫和的引導，循序漸進地讓他接受改變。強硬和霸道的外表可能會讓人感到壓力，因此在與他接觸時要保持

堅定而不對立的態度，盡可能展現自己的立場和觀點，但不與他正面衝突。

最後，由於他急躁易怒，需要在與他相處時避免激怒他，多給予理解和支持。在他情緒衝動時，可以幫助他冷靜下來，避免在情緒激動時做出決策。讓他保有一些冷靜和深思熟慮的時間，幫助他在處理問題時更加謹慎。

總之，與這樣的人相處，需要尊重和支持他，並理解和包容他的情感波動和任性，多給予關心和耐心，便可以建立更加和諧與穩定的人際關係。

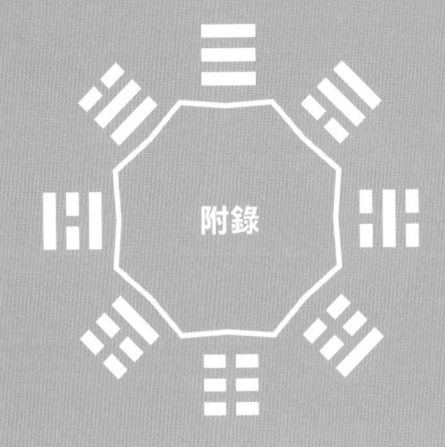

附錄

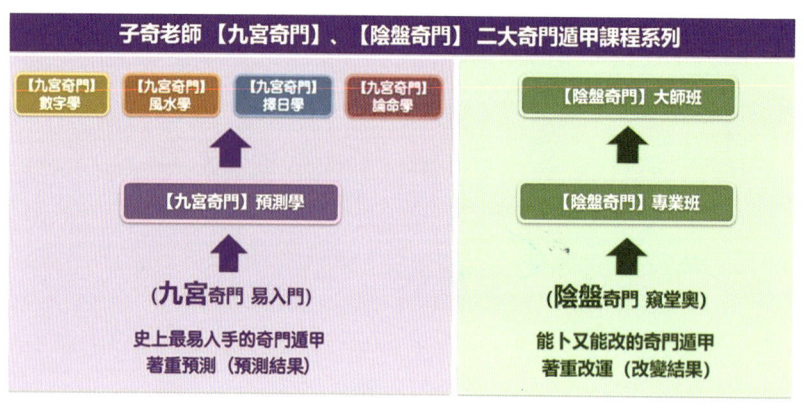

附錄

子奇老師【九宮奇門】、【陰盤奇門】二大奇門遁甲課程系列

【九宮奇門】數字學　【九宮奇門】風水學　【九宮奇門】擇日學　【九宮奇門】論命學

↑

【九宮奇門】預測學

↑

（九宮奇門 易入門）
史上最易人手的奇門遁甲
著重預測（預測結果）

【陰盤奇門】大師班

↑

【陰盤奇門】專業班

↑

（陰盤奇門 窺堂奧）
能卜又能改的奇門遁甲
著重改運（改變結果）

圖 35：子奇老師奇門遁甲課程系列。

若對奇門有興趣，想更進一步學習奇門遁甲，子奇老師目前提供兩大類奇門遁甲課程系列：「九宮奇門」系列及「陰盤奇門」系列，如圖 35。

☀「九宮奇門」系列

1. 九宮奇門預測學

——奇門入門課程，針對沒有任何東方命理玄學基礎的朋友，入手簡單、一眼立判。

「九宮奇門預測學」是史上最簡單、最易入手的預測術。如果您想快速學會一個好方法，幫您做決定、判斷事情吉凶成敗、預測未來發展，子奇老師所開發的「九宮奇門預測學」課程教學，完整而有系統，絕對是您的最佳選擇。

● 「九宮奇門預測學」是「九宮奇門」系列課程的首開篇（其他還有預測學、數字學、

開運學等）。這門課以「單宮占卜」為核心基礎，專門針對沒有任何東方命理玄學基礎的朋友所設計的奇門遁甲預測術。其最大特色是：簡單、犀利、快速，吉凶成敗一眼立判、論斷準確。

- 學會「九宮奇門預測學」，終身可以幫助自己、家人與親朋好友，作為預測未來與決策運用的最佳預測占卜工具，以達趨吉避凶的效果。

- 每期還會加碼釋出命理風水師不外傳的絕技：奇門金口訣、奇門演卦、奇門透易等等。一個奇門的單宮，就能斷得比八字簡單易學。從一個單宮，就可以像八字或紫微斗數論命，可以看出一個人的個性、能力、事業、財運、健康、疾病、住家環境、婚姻感情、兒女與父母的關係，還有流年及大運等等。「九宮奇門預測學」能預測也能論命，入手簡單，威力強大。

2. 九宮奇門風水學

——針對沒有任何東方命理風水基礎的奇門風水入門課程，二〇二三年起招生。

「九宮奇門風水學」是「九宮奇門」系列課程的第二篇，是史上最簡單、最易入門的風水學。本課程最大的特點在於，不只能學習到奇門與風水的知識與理論，更結合實務操作，提供一個「住家規劃的完整步驟與調理實例」，學員學習完此課程，就可以對自己的住家風水進行陽宅診斷及調理。

- 我們先以「形家風水」找到有利的室內位置（地利），形成「左有靠、後有靠、龍過堂」的格局形勢，再根據「奇門遁甲」找到對應方位的時辰（天時），把握一股吉炁（吉門）將在該方位發動的時間點，搭上車，將辦公桌、書桌、床位、收銀台、爐灶、神位等等擺上，就能將此股吉炁收攏聚合，助我事業順利、感情和睦、學習進步、生意興隆、財源廣進。
- 運用奇門風水開運，轉變運勢就是這麼簡單！只要簡單兩個要訣：占地利、得天時，就可以借天地之炁為您所用，助您提升運勢，事半功倍，心想事成。

3. 九宮奇門論命學

——針對沒有任何東方命理風水基礎的奇門風水入門課程，預計於二○二五年起開始招生。

「陰盤奇門」系列

1. 陰盤奇門專業班

——著重在改運化解、布局調理，新手可學。

「陰盤奇門專業班」課程融合了諸多「陽盤奇門」、「紫微斗數」的技法與心法，

主要斷法及應用的是傳統奇門所用的「滿盤多宮斷法」。

- 在預測占卜方面，「九宮奇門」主要的訴求在於直接給個吉凶成敗的結論，及提供可能的基本原因，但在「陰盤奇門」裡可以了解一件事情的來龍去脈，追蹤未來發展變化。它可以探究小到一個或兩個人事物之間關係的對待、緣分的變化（我的宮位及他／她的宮位）；大到一家企業的各類商業問題、企業診斷、內外各個單位的利害關係、競爭對手、客戶市場、廣告銷售。

- 這些問題都可以在「陰盤奇門」裡得到答案，因為「陰盤奇門」的滿盤多宮斷法，把「奇門式盤」視為古代打戰用的沙盤，使用多個宮位，可以模擬真實世界的人、事、物或組織單位，猶如戰場上的我軍、友軍、敵軍。把這些置於奇門盤裡（沙盤裡），進行沙盤推演，了解彼此的競合、利害關係，模擬可能的未來發展，找出機會、威脅，小到兩個人的戀愛關係，大到商場上的競爭，都可以預測推演！

舉例而言，像感情問題，「陰盤奇門」可以很細膩、深入地探討兩人彼此之間的「吉凶、得失、對待、過程、進退」等問題，諸如：

。他／她的心裡到底有沒有我？

。我們有沒有緣分在一起？還是有緣無分？

。他／她除了我，還有沒有其他的情人？

。對象什麼時候會出現？
。他／她對我的付出是真心的嗎？
。我們到底會不會分手？

● 在風水布局改運方面，「陰盤奇門」可以針對個人目前遭遇處境裡所碰到的矛盾、障礙及不利因素一一化解，而這是「九宮奇門」裡較少涉及的。

例如：店面生意不好，想提升店面生意，固然在「九宮奇門」可以催財局，但應當先開奇門盤，用「陰盤奇門」的預測診斷，找出生意不好的原因，再對症布局調理，這樣才有比較好的效果。如果客人少（客人的宮位空亡），就布局增加客人；員工離職多、不和睦（調整員工的宮位）就調整員工向心力……這樣矛盾、障礙及不利因素化解了，再布財局才比較有效果。

● 在催運布局方面，「陰盤奇門」的布局主要針對個人時空來調理風水，提升運勢（改變奇門局），尤其「陰盤奇門大師班」的進階技法「移神換位」技法，還可變換宮位的結構、改變宮位間的關係來布局，以達成心中的期望。

結論，「陰盤奇門」著重於多樣化的布局運籌調理（改變未來）；「九宮奇門」則著重於多樣化的預測占卜（預測未來）。一個著重「改變」，一個著重「預測」。

想學陰盤奇門遁甲，卻沒有任何命理風水基礎的朋友也不必擔心，因為子奇老師

擅長教全無基礎的新手。有學員曾說過：「想學奇門遁甲，就得跟子奇老師學習，因為子奇老師很會教，如果跟子奇老師學奇門遁甲還學不會，大概也就沒什麼老師可以教會你了！」

2. 陰盤奇門大師研究班

—— 欲參加大師研究班的學員，必須先上過子奇老師「陰盤奇門專業班」四階段。

「陰盤奇門大師研究班」課程，是針對給上過子奇老師「陰盤奇門專業班」四階段，對奇門很有興趣，想更進一步深造，或是想成為一位專業的執業命理風水師的朋友所設計的。

課程裡會釋出更多高端的預測與化解催運的技法與心法，包含奇門高層斷局中的高層技法：祕傳占斷二十法訣。它是奇門斷法的祕中之祕，古代所有修習奇門的人，無不視其為至寶！

透過陰盤奇門大師研究班，您將學到：

- **取用神心法**：天機藏於動處，動處有玄機，介紹奇門七動。一局到手，先分動靜。無極生太極，一動而分陰陽動靜，有動靜而後有損益沖合，最後便有了吉凶禍福。動靜是因，損益沖合是象，吉凶是果。

- **象法心要**：介紹象意六法——取象直讀、象意定位、交叉取象、尋象應數、象意組合、重覆取象；以及奇門五大類象系統：奇門符號、四柱、十二長生、六親類象。

- **祕傳占斷二十法訣**：奇門遁甲因自古為帝王之學，不讓民間老百姓學習，歷經幾千年，已面目全非。其原因在於理法不明、斷了傳承，導致各門各派各說各話，南轅北轍，此臧彼否，互相矛盾，眾說紛紜，莫衷一是。而「陰盤奇門大師研究班」課程裡所教授的「祕傳占斷二十法訣」，正可以解決上述問題。對於涉獵奇門遁甲多年，很多問題苦思不解的朋友，在這二十法訣裡都可以找到明確的答案。有學員反饋說：「光聽這二十法訣，繳的學費就太值了！」祕傳占斷二十法訣，是奇門高層斷局中的高層技法，也一直是奇門斷法的祕中之祕！課程中將全面揭露奇門高層斷局二十法訣：動、靜、旺、衰、生、剋、進、退、沖、合、連、屬、刑、空、墓、破、夾、照、伏、反。

- **天地人神化解增運祕法**：目前坊間所傳奇門遁甲的化解方法，基本上都停留在「解四害」，然而這只是奇門布局調理中，點、線、面裡面屬於「點」的解法。奇門布局調理除了「移星換斗」大法，還有布局最高層次的「九宮運籌」之法、「移神換位」大法，以及「行為風水調理大法」。尤其「環境風水」+「行為風水」+「奇門出行訣」結合使用，處理更為靈活，達到更大效果。

課程詳細內容，可上子奇老師官網查詢：**www.tzchimen.com**

如果想訂閱子奇老師所開發的電子版「奇門排盤」、「奇門曆」程式，或有興趣參加奇門遁甲課程的學習，可洽詢台北市「心語顧問」：

✦ 聯絡電話：**(02) 27775716**
✦ 電子信箱：**echostudio@gmail.com**
✦ LINE官方帳號：**https://page.line.me/?accountId=shinyu.tw**

國家圖書館出版品預行編目資料

九宮奇門. 3：論命學. 上, 本命盤解讀／子奇老師著. -- 初版. -- 臺北市：春光出版, 城邦文化事業股份有限公司出版：英屬蓋曼群島商家庭傳媒股份有限公司城邦分公司發行, 2024.12
　面；　公分
ISBN 978-626-7578-10-0（平裝）

1.CST: 奇門遁甲 2.CST: 占卜

292.5　　　　　　　　　　　　　113017046

九宮奇門3：論命學（上）本命盤解讀

| 作　　　　　者 ／子奇老師 |
| 企 劃 選 書 人 ／何寧 |
| 責 任 編 輯 ／何寧 |

版權行政暨數位業務專員 ／陳玉鈴
資深版權專員 ／許儀盈
行銷企劃主任 ／陳姿億
業 務 協 理 ／范光杰
總　編　輯 ／王雪莉
發　行　人 ／何飛鵬
法 律 顧 問 ／元禾法律事務所　王子文律師
出　　　版 ／春光出版
　　　　　　臺北市 115 南港區昆陽街 16 號 4 樓
　　　　　　電話：（02）2500-7008　傳真：（02）2502-7676
　　　　　　E-mail：stareast_service@cite.com.tw
發　　　行 ／英屬蓋曼群島商家庭傳媒股份有限公司城邦分公司
　　　　　　臺北市中山區民生東路二段 141 號11 樓
　　　　　　書虫客服服務專線：（02）2500-7718／（02）2500-7719
　　　　　　24小時傳真服務：（02）2500-1990／（02）2500-1991
　　　　　　服務時間：週一至週五上午9:30～12:00，下午13:30～17:00
　　　　　　郵撥帳號：19863813　戶名：書虫股份有限公司
　　　　　　讀者服務信箱E-mail: service@readingclub.com.tw
　　　　　　歡迎光臨城邦讀書花園　網址：www.cite.com.tw
香港發行所 ／城邦（香港）出版集團有限公司
　　　　　　香港九龍土瓜灣土瓜灣道86號順聯工業大廈6樓A室
　　　　　　電話：（852）2508-6231　傳真：（852）2578-9337
　　　　　　E-mail：hkcite@biznetvigator.com
馬新發行所 ／城邦（馬新）出版集團　Cite（M）Sdn. Bhd
　　　　　　41, Jalan Radin Anum, Bandar Baru Sri Petaling,
　　　　　　57000 Kuala Lumpur, Malaysia.
　　　　　　Tel：（603）90563833　Fax：（603）90576622　E-mail:cite@cite.com.my

封 面 設 計 ／蔡佩紋
內 頁 排 版 ／芯澤有限公司
印　　　刷 ／高典印刷有限公司

■ 2025年 1月2日初版一刷　　　　　　　　　　　Printed in Taiwan

售價／570元

城邦讀書花園
www.cite.com.tw

版權所有・翻印必究
ISBN　978-626-7578-10-0

廣　告　回　函
北區郵政管理登記證
臺北廣字第000791號
郵資已付，免貼郵票

115 臺北市南港區昆陽街 16 號 8 樓
英屬蓋曼群島商家庭傳媒股份有限公司
城邦分公司

請沿虛線對折，謝謝！

愛情・生活・心靈
閱讀春光，生命從此神采飛揚

春光出版

書號：OC0093　　書名：九宮奇門 3：論命學（上）本命盤解讀

請於此處用膠水黏貼

讀者回函卡

謝謝您購買我們出版的書籍！請費心填寫此回函卡，我們將不定期寄上城邦集團最新的出版訊息。亦可掃描QR CODE，填寫電子版回函卡

姓名：＿＿＿＿＿＿＿＿＿＿＿＿＿＿＿＿＿＿＿＿

性別：☐男 ☐女

生日：西元＿＿＿＿＿＿年＿＿＿＿＿＿月＿＿＿＿＿＿日

地址：＿＿＿＿＿＿＿＿＿＿＿＿＿＿＿＿＿＿＿＿＿＿＿＿

聯絡電話：＿＿＿＿＿＿＿＿＿＿＿ 傳真：＿＿＿＿＿＿＿＿＿＿

E-mail：＿＿＿＿＿＿＿＿＿＿＿＿＿＿＿＿＿＿＿＿＿＿

職業：☐1.學生 ☐2.軍公教 ☐3.服務 ☐4.金融 ☐5.製造 ☐6.資訊

☐7.傳播 ☐8.自由業 ☐9.農漁牧 ☐10.家管 ☐11.退休

☐12.其他＿＿＿＿＿＿＿＿＿＿＿＿＿＿＿＿＿＿＿

您從何種方式得知本書消息？

☐1.書店 ☐2.網路 ☐3.報紙 ☐4.雜誌 ☐5.廣播 ☐6.電視

☐7.親友推薦 ☐8.其他＿＿＿＿＿＿＿＿＿＿＿＿＿＿

您通常以何種方式購書？

☐1.書店 ☐2.網路 ☐3.傳真訂購 ☐4.郵局劃撥 ☐5.其他＿＿＿

您喜歡閱讀哪些類別的書籍？

☐1.財經商業 ☐2.自然科學 ☐3.歷史 ☐4.法律 ☐5.文學

☐6.休閒旅遊 ☐7.小說 ☐8.人物傳記 ☐9.生活、勵志

☐10.其他＿＿＿＿＿＿＿＿＿＿＿＿＿＿＿＿＿＿＿

請於此處用膠水黏貼